はじめに

弓道の稽古は、私たちに多くの楽しみを与えてくれます。初心のうちは、矢が飛ぶというだけで楽しみを感じ、さらに試合や審査に出場し、緊張するなかで矢が的に中《あた》ったときの喜びは、忘れられないものになるでしょう。また、弓道の所作を、心をこめてうまく行えたとき、充実感を得ることができます。

一方で、弓道の稽古は、多くの試練も与えます。なかなか上達しないこともあれば、前の稽古ではうまくできたのに、次の稽古ではうまくいかないこともあります。あるいは、緊張などからうまく弓を引けず、的がいつもより小さく遠くに感じることもあります。

私は、弓道の楽しい面と厳しい面どちらも大切にして、真摯《しんし》に稽古に打ち込み、自分自身と向き合ってほしいと思っています。そのためには、まず弓道の射術に関する正しい知識が必要です。正しい知識に基づいて稽古することで、射術が上達し、的中が得られるようになります。そうすることで、はじめて自分自身の心と向き合う機会も得られるでしょう。

本書では、弓道をはじめる方が、弓を上手に引いて的に中るようになる手段を提示したいと考え、稽古の方法を提案しています。まずは射法の基礎を身につけて、それから自分なりの楽しみを見つけていただければ、さらに充実した稽古ができると考えます。本書がそのきっかけとしてお役に立てば幸いです。

最後になりましたが、本書の執筆にあたって多くの助言をいただきました関係者の皆様、とくに国際武道大学弓道部鈴木稔監督にこの場をお借りして深くお礼申し上げます。

原田　隆次

目次

第六章 競技大会への参加と審査の受審

◉カバー・本文デザイン 岡田 茂
◉動画撮影 木川良弘（イメージチーム）
◉イラスト 庄司 猛
◉写真撮影 福地和男
◉映像制作 梅田朋美（アイムプロダクション）
◉編集 川島晶子

本書の利用の仕方

本書は、これから弓道をはじめる方が、基本を知り、段階を追って稽古をしていきやすい順番に編集しています。最初に本書を読まれる際は、ページ順に読まれることをおすすめします。

その後は、疑問が浮かんだときや、詳しく確かめたいときなど、いつでも必要なページを開いてください。動画でもすぐに確認することができます。

1 連続した写真で、一つひとつの動作を詳しく解説しています。

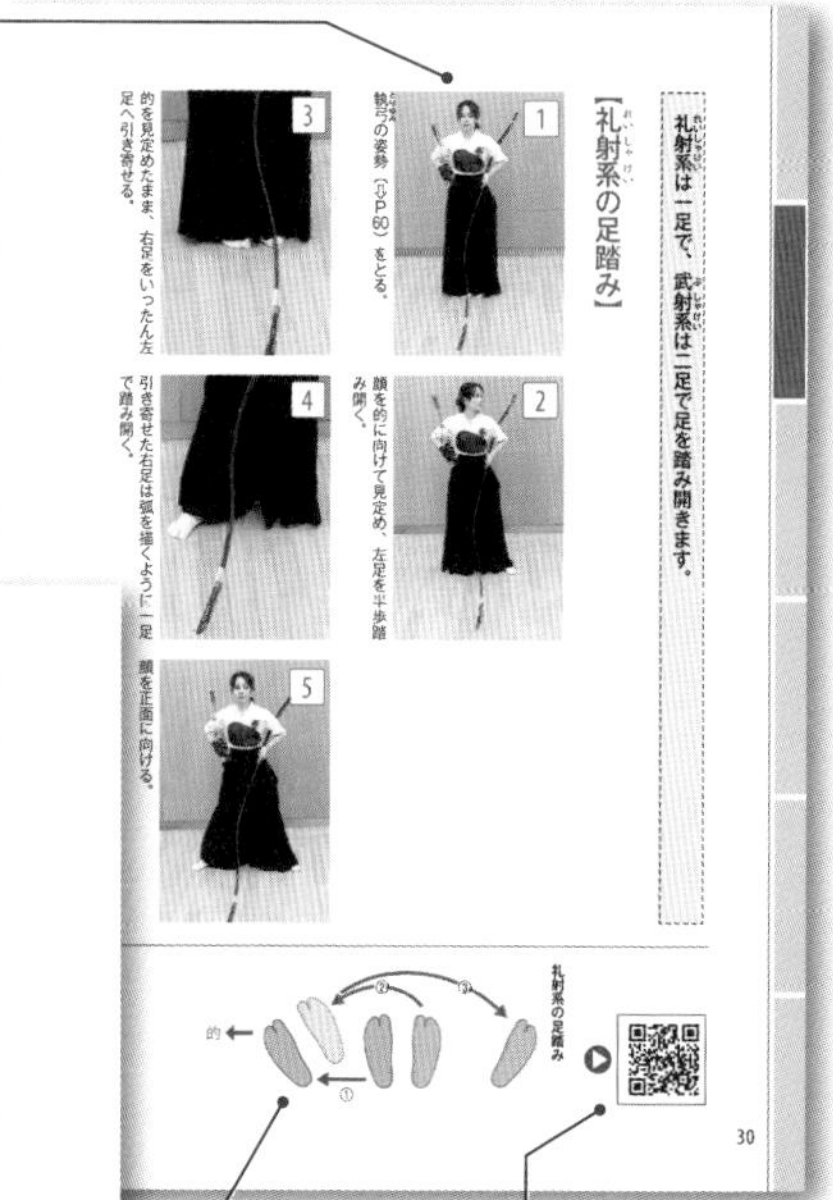

4 写真に補助線等を入れて、力を入れる方向や姿勢など示しています。

2 ページの上の見出しや、ＱＲコード®の上に表記した項目の動作を、動画サイトYouTubeにアップした動画で見ることができます。ＱＲコード®をスマートホンやタブレット型端末等のカメラで読み取ってください。

3 イラストでよりわかりやすく示しています。

5 弓道用語等には注釈を入れて補足解説しています。

第一章　弓道をはじめる前に

弓道ってどのようなもの？

なぜ弓道を学ぶのか

弓道をはじめようと思ったとき、なぜ自分が弓道を学ぶのか、その目的を明確にし、常に意識しておくことが、弓道の上達を図る上では大変重要です。しかし、弓道を学ぶ目的を、最初から明確に答えられる人は多くありません。そこで、弓道の特性を理解しておくことで、一定の指針を得ておきましょう。

まず、弓道というと、真っ先に思いつくのは、武道であるということです。武道とは、日本の伝統的な武技《ぶぎ》の修錬による心技一如《しんぎいちにょ》の運動文化であり、人間形成の道のことをいいます。弓道でいう武技の修練とは、射術《しゃじゅつ》、すなわち弓を引く技術の上達を目指すことといえます。

射術の上達を目指す上では、正しい体の使い方や呼吸などを覚えなければなりません。そのためには、理にかなった合理的な働きが伴う、正しい形《かた》の習得が必要不可欠です。射術の修練に没頭し、技に磨きをかけていくと、弓道の面白さや魅力に気づくはずです。

弓道では、人ではなく、動かない的に対峙《たいじ》します。試合中の対戦相手とのかけ引きは少なく、直接的な攻防はありません。そのため、うまく弓が引けるかどうかは、すべて自分自身の力によるのです。合理的な射法と、その裏付けとなる▼1心気《しんき》の働きが重要です。微細な動きや、ちょっとした心の動揺で、矢は的から外れます。心《しん》・技《ぎ》・体《たい》の一致や、▼2中庸《ちゅうよう》が大切なのです。

現代社会においては、弓道を、健康、精神修養、競技スポーツ、娯楽、遊戯のほか、弓道を通じて日本文化を理解するために行っている人もいます。こうした多様な価値観は、弓道文化をより充実したものにしているわけですが、その根底には、常に射術の上達が意識されていなければなりません。より高度な技術に達するために、日々の稽古《けいこ》を続けていくなかで、これらの目的は達成されていきます。そして、射術の上達に加えて、弓道に関する知識・経験が増えていけば、修練の段階やその人の価値観に応じた、それぞれの弓道を学ぶ目的が形成されていくでしょう。

▼1　**心気《しんき》**　精神が安定すること、集中力。

▼2　**中庸《ちゅうよう》**　過不足がなく調和がとれていること。

武道における弓道の位置づけ

弓道は、人との直接的な身体接触がなく、一般的に静かな環境のもとで行われます。高校生・大学生などの試合では、▼的中《てきちゅう》時のかけ声やチームメイトへの応援によって会場が盛り上がることはありますが、射手《いて》自身が声を出したり、弓を引いている最中に大きな音が生じたりすることはありません。

技法の特徴として、稽古《けいこ》で行う形《かた》が、そのまま試合でも発揮されることがあります。柔道や剣道では、相手が常時動くため、形をそのまま繰り出すことは難しいでしょう。一方で、弓道は動かない的を相手とするため、普段の稽古で行っている形が、試合や審査においても同様に行われます。そのため、形に非常に厳格です。

そのほか、競技人口についてみると、全日本弓道連盟の登録人口は135、403名（令和2年3月時点）ですが、男女比がほぼ同じで、ジェンダー差（男女間の差）が最も少ない武道種目であること、登録人口の半数が高校生であり、高校部活動で最も競技人口が多い人気の武道種目であることが特徴としてあげられます。

▼**的中**《てきちゅう》
矢が的《まと》に中《あた》ること。

全日本弓道連盟の種別ごとの
登録者数と割合
（カッコ内は女性の人数）

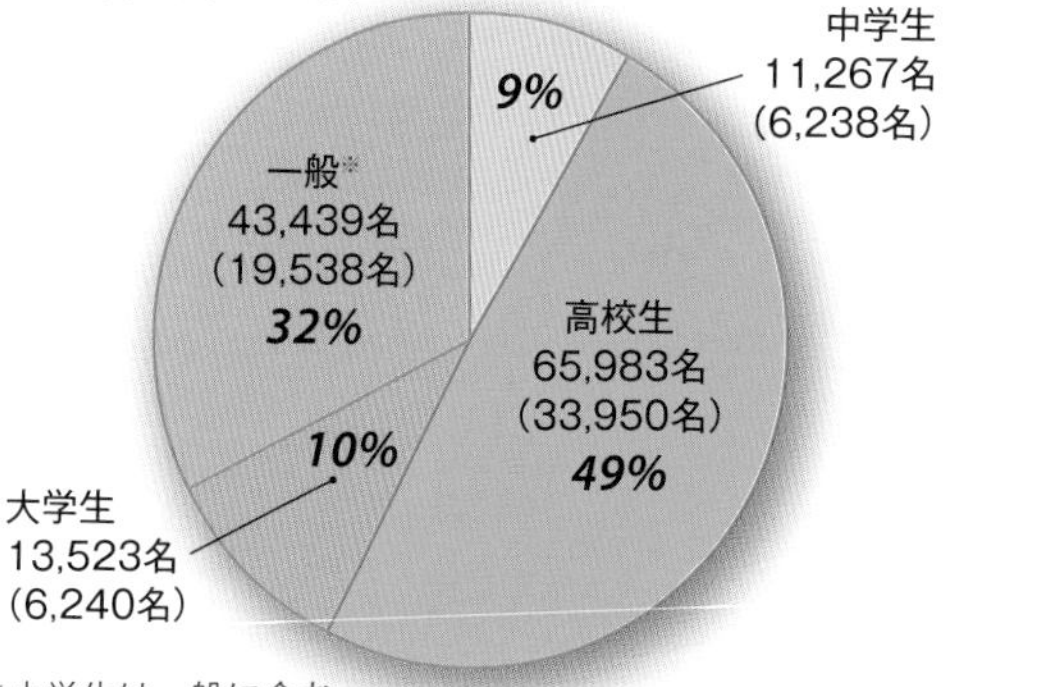

※小学生は一般に含む

全日本弓道連盟「令和元年度地連別登録人口一覧」より

いつから、どの程度の頻度で稽古すべきか

弓道は、適切に管理された道具と場所があれば、老若男女問わずできます。それでは、いつから、どの程度の頻度で稽古すべきかと聞かれると、当然少しでも早く、より多くの時間をかけて稽古したほうがよいとなります。弓道に限らず、どのような武道・スポーツでも、いくら質の良い方法を見つけたとしても、時間的な積み重ねがなければ身につきません。早いうちから、弓道をはじめておくに越したことはありません。

どの程度の頻度で稽古すべきかは、自身の弓道を学ぶ目的や修練の段階に応じて変わります。参考として、高校、大学でトップレベルの的中率を出す学校の多くは、ほぼ毎日、2時間から3時間程度の時間をかけて合同練習を行い、加えて自主練習を行う人もいます。▼矢数《やかず》でいえば、1時間あたり20射前後のペースで引いています。

きちんとした指導者のもとで、ほぼ毎日稽古を積めば、1年以内に、ものすごく中《あた》る時期がきます。一方で、数年経つと、まったく中らない時期がくることもあります。こうしたときも、必ず稽古を継続し、道場に立ち続けることが何よりも必要です。やがて、目の前の視界が開け、技も心境《しんきょう》もいっそう進む時期が訪れ、強い意志を兼ね備えた立派な弓道家となるための一歩が踏み出せるはずです。

▼矢数《やかず》
発射する矢の本数。

弓道の歴史

日本の弓矢の起源と発達

日本列島では、縄文時代草創期《そうそうき》に石鏃《せきぞく》[1]が現れ、このころには弓矢が使われていた可能性が指摘されています。現在、考古出土品で日本最古の弓とされるのは、福井県鳥浜貝塚《とりはまかいづか》や神奈川県羽根尾貝塚《はねおかいづか》で見つかった、縄文時代前期（約6、500年前）の丸木弓《まるきゆみ》[2]です。当初、弓矢は狩猟で用いられていましたが、弥生時代に稲作文化がもたらされ、水や土地をめぐって争いが起こるようになると、武器としても使用されるようになったと考えられています。

古墳時代に入ると、弓は長大化していき、長さが2メートル近いものも現れるようになりました。このころ、宮廷では射礼《じゃらい》・賭弓《のりゆみ》[3]、騎射《うまゆみ》[4]が行われ、弓矢は朝廷の重要な行事において用いられるようになっていました（図1）。

図1　住吉家模本「年中行事絵巻」（田中家所蔵）に見られる賭弓の様子（小松茂美編『日本の絵巻8』pp.24-25. 中央公論社より）

▼1 **石鏃《せきぞく》**
先端がとがった小型石器。

▼2 **丸木弓《まるきゆみ》**
樹木の幹や枝を削って、そのまま弓にしたもの。

▼3 **射礼《じゃらい》・賭弓《のりゆみ》**
射礼とは、正月17日に天皇の前で皇族や官人《かんじん》が弓を引く儀礼のこと。賭弓は、射礼の翌日に、選抜された射手が2チームに分かれ、賞を賭けて天皇の前で競技を行うもの。

▼4 **騎射《うまゆみ》**
5月5、6日に、天皇の前で披露されたもので、馬場に沿って置かれた三つの的を、馬を走らせながら馬上から連続的に射た。

弓術流派の発生と射術の体系化

中世となり、武士の時代となると、武士のことを「弓矢《ゆみや》とる身《み》」と表現したように、弓矢が最も重要な武器として考えられました。とくに、武士は騎射《きしゃ》▼5の技術習得に励み、その習練および腕前を発揮する機会として、▼6騎射三《み》つ物《もの》が行われるようになりました（図2）。

鎌倉時代となると、武術は体系化していき、武芸流派が成立することとなります。最も早いのが、弓術・馬術・礼法の小笠《おがさ》原流《わらりゅう》です。

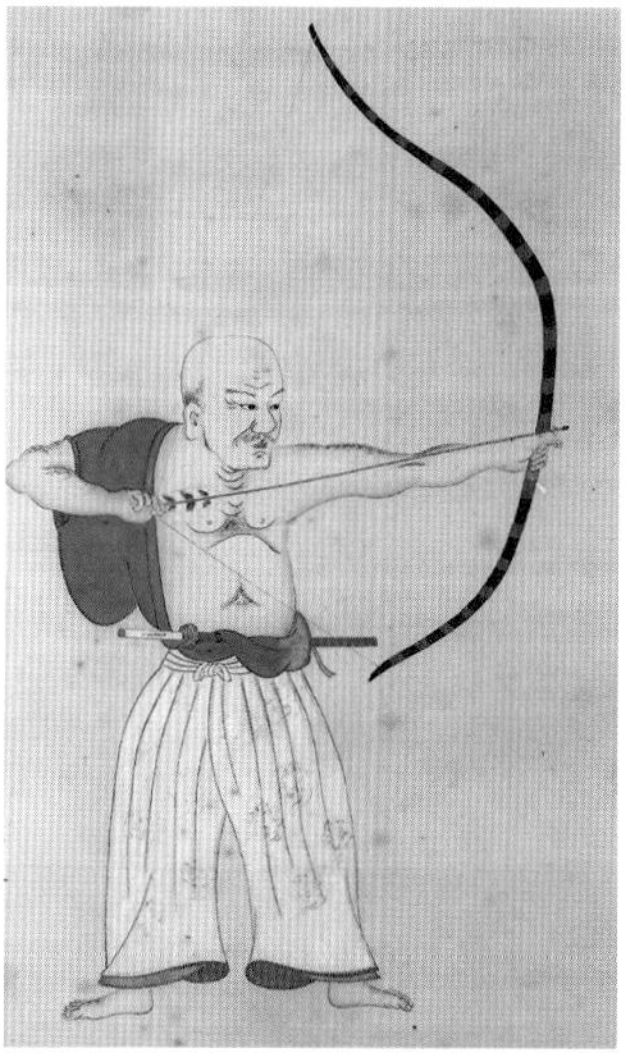
図3　日置弾正肖像画（著者所蔵）

図2　笠懸の図（『男衾三郎絵巻』より／東京国立博物館所蔵）

武芸流派は、戦国時代に入ると細分化していきますが、弓術流派は日置弾正《へきだんじょう》を祖とする日置流《へきりゅう》が中心となって発展していきました（図3）。

射術は、その形態から歩射《ほしゃ》▼7、騎射《きしゃ》、堂射《どうしゃ》に分けられますが、それぞれにおいて独自の射法・弓具などが発生し、体系化されて

▼5　**騎射《きしゃ》**
馬上から弓を射ること。

▼6　**騎射三《み》つ物《もの》**
流鏑馬《やぶさめ》・笠懸《かさがけ》・犬追物《いぬおうもの》という三つの騎射の形態のこと。

▼7　**歩射《ほしゃ》、騎射《きしゃ》、堂射《どうしゃ》**
歩射は、地面に足をつけて弓を引くもの。騎射は、馬上から弓を引くもの。堂射は、一定の空間・時間内で、何本矢を射通すことができるかを競うために特化した弓の引き方。京都・三十三間堂で行われた通し矢が有名（P14図4）。

いきました。これらは、現在の弓道において、伝統として多くの要素が引き継がれています。

弓術から弓道へ

明治維新となり、武士の時代が終わりを迎えると、これまで行われていた武術は古いものとみなされ、一時衰退しました。こうしたなかで、実用性を失った弓術は、娯楽、遊戯、運動として行われるようになりました。

大正期に入ると、「武術」を「武道」として、精神修養としての側面を強調する動きが起こりました。「弓術」も「弓道」と改称し、剣道、柔道とともに武道として行われるようになりました。また、学校の弓道部を中心として、弓道の競技化が進み、全国的な大会の開催、競技規則の制定などが行われ、女性への弓道普及も進みました（図5）。

図4　「三十三間堂通し矢」（『堂射──武道における歴史と思想──』第一書房より／入江康平氏所蔵）

現代の弓道

戦後、昭和24年に全日本弓道連盟が設立され、弓道の統括団体として、現在に至るまでさまざまな活動が展開されています。また、平成18年には国際弓道連盟が設立され、弓道の国際的普及が試みられています（図6）。

時代の変化とともに、弓道修練のスタイルも多様な価値観のもとで行われるようになっており、精神修養の手段として弓道を行っている弓道家もいれば、競技を中心として的中をひたすら追い求める弓道家もいます。ときには、こうしたギャップに戸惑うこともあるかもしれません。しかし、弓道は、その伝統を引き継ぎつつも、常に社会の変化とともに変容してきたからこそ、現代においても意義ある運動文化として実施されています。互いの弓道に対する立場の違いを認識しながら、弓道文化の発展に貢献していきましょう。

図５　高等女学生の弓道稽古（昭和12年撮影）

図6　外国人弓道家による射礼〔しゃれい〕（国際弓道連盟提供）

弓道のはじめ方

弓道部、地域の弓道会に入ろう

いざ、弓道をはじめようとしても、何からはじめればよいのかわからないものです。まずは、中・高・大学生であれば、学校の弓道部への入部を考えましょう。

学校に弓道部がない場合や、一般の方であれば、地域の弓道会への入会を検討しましょう。近隣の総合体育館、武道館、運動公園などに弓道場があれば、そこで活動している弓道会がある可能性が高いです。また、個人で経営している町道場がある場合もあります。

全日本弓道連盟では、ウェブ上で[1]全国弓道場マップを提供しています。こちらも参考にしながら、近隣の弓道場を探してみてください。

弓道場へ行ってみよう

地域の弓道会は、常に初心者を受け付けているところもあれば、年度ごとに初心者教室の開催時期が決まっているところもあります。そのため、事前にインターネットで弓道会のホームページを確認したり、弓道場が設置されている施設へ電話を行ったりするなどして、初心者の

▼1 全国弓道場マップ（全日本弓道連盟）
https://www.kyudo.jp/map/

入会方法について確認しましょう。事前に情報が入手できなければ、直接、弓道場へ行って確認することになります。

さて、弓道場へ行く際は、次のような点に注意してください。まず、弓道場の図（⇩P114）を参考にしながら、射場《しゃじょう》の出入口へと向かいましょう。決して、安土《あづち》や矢道《やみち》から入ることのないようにしてください。稽古《けいこ》をしている人がいれば、矢が飛んできて大変危険です。射場の出入口へ来たら、様子をうかがいつつ、礼儀正しく挨拶を行い、氏名とともに用件を伝えましょう。

弓道場へ行く際の服装は、タンクトップ、短パン、サンダルといったラフすぎる服装はやめておきましょう。少なくとも、長ズボンで、脇やお腹などの露出が少ない服装がよいでしょう。帽子やサングラスは外します。裸足が禁止されている弓道場もあるので、ソックスを持っていくとよいです。

なお、弓を引くときは、弦《つる》（⇩P100）が引っかかるなどして危険なため、ピアス・イヤリング、ネックレス、指輪などの装飾品は外します。また、ネイルを含めて、爪が長すぎるとけがをする危険があります。メガネは装着していても問題ありません。

弓道で用いる道具について

弓道で用いる主な道具としては、弓、矢、弽《ゆがけ》があります。詳しくは第四章でみていきますが、ここでは大まかに解説します。

弓道で使用する弓のことを、「和弓《わきゅう》」といいます。その長さは標準で221センチメートルあり、世界的にみて長弓の部類に入ります。最大の特徴は、弓の下部から約3分の1の位置に握り部があることです。弓は、弦を張ることで、矢を飛ばすことができるようになります。

矢は、竹篦《たけの》やシャフトに、3枚の鳥の羽根を付け、一方の端に矢尻《やじり》、もう一方の端に筈《はず》がついています。筈には、くぼみが設けられており、ここに弦をはめ、矢を番《つが》えることができます。

弽とは、弓を引く際に、右手に装着する鹿革製のグローブのことです。弓を引く際、弦は親指の根元あたりに引っ掛けるため、直接弦が当たって手が痛くならないようにするものです。

弓道では、左手で弓を握り、右手で弦を引っ張る右利きの用具が原則となっています。左利きは、一般的には認められていません。

服装については、上達するにつれて、弓道着や和服を着用することになります。

弓道をはじめる際の心得

目標を決める

弓道をはじめるとなったら、自身の決めた弓道を学ぶ目的を成し遂げるために、目標を定めましょう。目標は、長期・中期・短期の三段階に分けて設定します。

たとえば、競技としての弓道を追い求めることを目的とすれば、長期目標は、全国大会で優勝といった数年単位のもの。中期目標は、直近の大会に向けた課題の克服といった数か月単位のもの。短期目標は、数日・数週間単位で行える修正といったものです。目標を明確にすることは、意欲を高め、やる気を出すことにつながります。

ただ、ときには何回稽古《けいこ》してもうまく射《い》ることができず、自身のふがいなさに落ちこむこともあります。こうした人が、一度この難関を突破すると、見違えるように進歩します。また、学校の弓道部で稽古を積む場合、チームメイトとこうした時間を共有することで、あとになってかけがえのない友情となり、その後の人生の豊かさにつながっていきます。

目的に向かって、自身で定めた目標を達成していき、ときには振り返りも行いながら目標を適宜修正することで、最後までやり抜く覚悟を決めてください。

稽古に対する心構え

初心者のうちは、何事にも素直でありましょう。最初のうちは、変な癖《くせ》がついてもすぐ直ります。まずは、指導者に従って、形の習得を目指していきましょう。数か月経つと、一通りの動作を理解し、さまざまな疑問が生じるようになってきます。当然、そうした疑問を持つことはよいことですし、指導者は答えられなければなりません。しかし、そのような疑問が生じた場合は、なぜそうするのかを一度自分で考えてから尋ねてみましょう。

次に、反復練習を怠らないことです。どのような運動もそうですが、頭で理解し、体でもできて、はじめて身につきます。逆に、頭で理解していない動作は長続きしません。反復練習を繰り返し行い、条件反射のような形で、無条件で体が動くといったレベルまで達するよう努力しましょう。

そして、良い指導者につくことです。良い指導者とは、決して弓の技術がうまいだけではありません。ここまで述べてきたことを的確にアドバイスしてくれるのみならず、人生一般においても模範となるような指導者を探しましょう。

良い指導者を探すことは難しく、さらにどんなに良い指導者でも、いわゆる馬が合う人でなければうまくなれません。また、指導者が見つからない人は、この本をはじめとした指導書に頼ることになりますが、「百聞《ひゃくぶん》は一見《いっけん》に如《し》かず」です。機会あるごとに、試合などで優れた射手を見て学ぶことを怠らないようにしましょう。

費用と段階ごとに必要な弓具

弓道部・弓道会へ入れば、最初は弓具を貸し出してもらえることが多いです。服装も、動きやすい服装であればよく、弓道着を最初から購入する必要はありません。素引きからゴム弓の段階において、自分のゴム弓（2、200円〜）を購入する場合があります。

はじめに購入する弓具は、ゴム弓から巻藁《まきわら》練習の前後で、弽《ゆがけ》（22、000円〜）を検討しましょう。指導者とともに弓具店に直接行き、実際に装着して自分に合うものを探すのが理想です。その際に、巻藁矢（1、600円〜）も購入するとよいでしょう。

その後は、稽古の段階に応じて購入していくこととなります。試合・審査へ出場する際に、最低限必要な弓具を自分で購入してそろえれば、弓（25、000円〜）・矢（6本・16、000円〜）・弽・弦《つる》（385円〜）・弓道着セット（11、330円〜）となり、合計で74、715円〜となります。ただ、多くの場合、初心者は弓具を貸してもらえることが多いので、最初から約7万円ものお金が必要になることは少ないです。

いずれの弓具も、使用する素材、メーカー（製作者）、製法などによって、金額が大きく異なります。天然素材で伝統的な製法で作られた弓具は高価なものが多く、たとえば竹弓を購入する場合は10万円前後かかります。第四章を参考にしながら、随時購入を検討しましょう。

▼各価格は、二〇二一年、大手弓具店の価格を参考。

指導者がいない・指導者の指導に疑問を感じたら

いざ、弓道部・弓道会に入ったものの、指導者がいない場合があります。学校部活動では、弓道に限らず、すべての学校に各スポーツ・武道種目を専門とする先生がいるわけではありません。こうした場合、部活動指導員といって、顧問の先生と連携・協力しながら、部活動のコーチ等として技術的な指導を行う指導者を外部から得る方法があります。しかしながら、部活動指導員を得るためには、さまざまなハードルがあるのも事実です。弓道部員だけで動くのではなく、必ず顧問の先生と十分に相談しながら話を進めてください。

すべての都道府県に弓道連盟があり、初心者向けの講習会や体験会などが開催されていることがありますので、こうした機会も積極的に活用しましょう。

また、入部・入会したものの、指導者の指導方法に疑問を感じることがあるかもしれません。それが暴力、暴言、セクハラ、パワハラなどといったハラスメントと感じる場合は、迷わずほかの指導者や所属しているほかの弓道家、学校弓道部であれば指導者以外の先生、弓道会であれば組織運営を担っている役員などに相談してください。それでも解決しない場合は、都道府県の弓道連盟あるいはスポーツ協会、中学・高校生であれば各教育委員会が設置している相談窓口に相談しましょう。全日本弓道連盟でも相談窓口を設置しています。

▼全日本弓道連盟
「倫理に関するガイドラインと相談窓口」
https://all-nippon-kyudo.sakura.ne.jp/info/guidelines.html

第二章　弓道の基本を学ぼう

弓の引き方と射法《しゃほう》八節《はっせつ》

「正面《しょうめん》打《うち》起《おこ》し法」と「斜面《しゃめん》打《うち》起《おこ》し法」

弓道の射法は、大きく分けて二つあります。それぞれ打起し方法の違いから、「正面打起《しょうめんうちおこ》し法」と「斜面打起《しゃめんうちおこ》し法」と呼ばれています。

①正面打起し法は、「正面の弓構え」から、体の正面で両こぶしを同じ高さにそろえて頭上に打起す射法です。流派としては、小笠原流《おがさわらりゅう》・本多流《ほんだりゅう》などをルーツとしています。

②斜面打起し法は、「斜面の弓構え」から体の左斜め前で頭上に打起す射法です。流派としては、日置流《へきりゅう》諸派などをルーツとしています。

本書では、正面打起し法を中心に紹介します。

打起し法による射法の違いは、どちらが良いか悪いか、正しいか間違いかというものではありません。それぞれの射法の特徴を理解しましょう。

また、弓道の動作には武射系《ぶしゃけい》・礼射系《れいしゃけい》と呼ばれる方法の違いもあります。どちらを行うことも可能ですが、それぞれの動作は混同しないようにしましょう。

▼（P25表）**本座返り**
弓を引き終わった後、すぐに射場から退場せずに本座まで戻ること。
詳しくは⇩P141

斜面打起し法
による打起し

正面打起し法
による打起し

武射系・礼射系の動作の違い

	武射系	礼射系
矢を持つ位置	矢尻（板付）※	射付節※ （先端が10cm出る程度）
矢の番《つが》え方	二回で差し込む	一回で差し込む
乙矢の持ち方※	中指と薬指で挟む	薬指と小指で挟む
足踏みの開き方	二足で開く	一足で開く
本座返り（▼）での足の閉じ方	二足で閉じる	一足で閉じる

※矢の種類と各部の名称はP103参照。

射法八節とは

弓道では、弓を引く一連の動作に節を設けて「射法八節」という八つの節に分け、それぞれ名称をつけています。

射法八節は、「足踏み」、「胴造り」、「弓構え」、「打起し」、「引分け」、「会」、「離れ」、「残心（残身）」で構成されています。それぞれの動作は独立しているものではなく、一つの流れとしてとらえてください。これらの動作が矢を的中させるための基礎となるため、必ず正しく理解して習得しましょう。

はじめに一連の流れをみてみましょう。

※斜面打起し法による射法八節は⇩P50

四　打起し
弓構えからゆっくりと両こぶしを頭上に上げる。

七　離れ
会で力を十分に高め、確信をもって矢を放つ。

八　残心（残身）
離れの後、矢所を見定めて姿勢をしばらく維持し、気合のこもったまま伸び続ける。

一　足踏み
足を踏み開き、立ち位置と立ち方を決定する。

二　胴造り
両足の上に上体を正しく置き、姿勢を安定させる。

三　弓構え
取懸けを行い、手の内を整え、物見を行う。

五　引分け
頭上で的方向に弓を押し開いて大三をとり、弓を引き込む。

六　会
弓を十分に体にひきつけ、的に狙いをつけたまま、押し引きの力を高め続ける。

一 足踏み〔あしぶみ〕

足踏みは的と自分の立つ位置を定め、立ち方を決める重要な動作です。上体を安定させる基礎をつくりましょう。（礼射系《れいしゃけい》と武射系《ぶしゃけい》で足を踏み開く方法が異なるので、30～31ページで両者を解説します）

的を見定めながら、**的の中心から仮想の直線をイメージして、その直線上に左足を開きます。**その後、右足親指の先が左足親指の先と的を結んだ線上にくるように右足を半歩開きます。このとき、体の中心が射位位置になるようにします。

開く足幅は自身の身長の約半分（▼矢束《やづか》）とし、両足の角度が約60度になるようにつま先を開きます。

足は両ひざを内側へ締め、軽く伸ばします。このとき左足はつま先、右足はかかとに力を加えるようにします。弓を引く際に体の重心はいつも移動するため、このように力を入れておくと無意識に体が安定するように力が入ります。足踏みをした後、踏み直しをしなくていいように、正確に一度で踏み開きましょう。

▼**矢束《やづか》**
射手《いて》が引くべき矢の長さ。おおよそ身長の半分と同じ。

両ひざは軽く内側へ締め、軽く伸ばす。

しっかりと的の中心を見定める。

足踏みの幅の基準である身長の約半分（矢束）は、左腕を地面と水平に左に伸ばし、喉ぼとけから中指の先までの距離になる。

3本の矢で正三角形を作ると60度の角度を確かめられる。

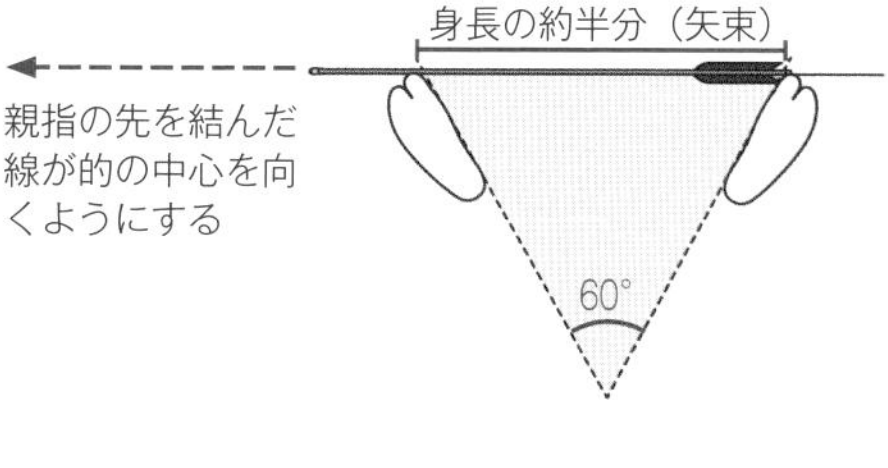

親指の先を結んだ線が的の中心を向くようにする

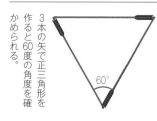

礼射系《れいしゃけい》は一足で、武射系《ぶしゃけい》は二足で足を踏み開きます。

【礼射系《れいしゃけい》の足踏み】

執弓《とりゆみ》の姿勢（⇩P60）をとる。

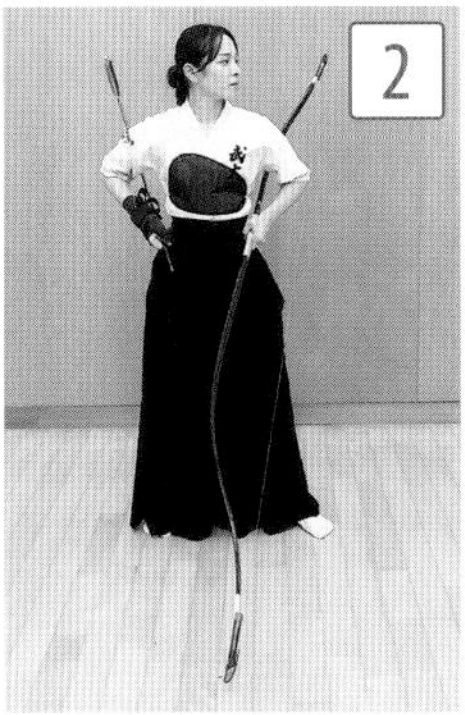

顔を的に向けて見定め、左足を半歩踏み開く。

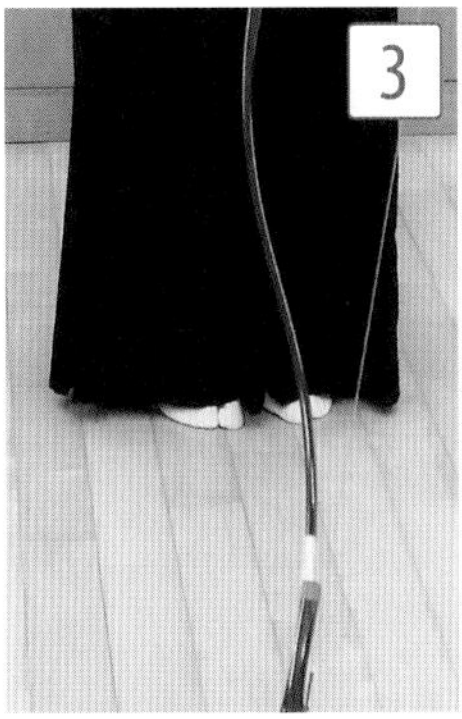

的を見定めたまま、右足をいったん左足へ引き寄せる。

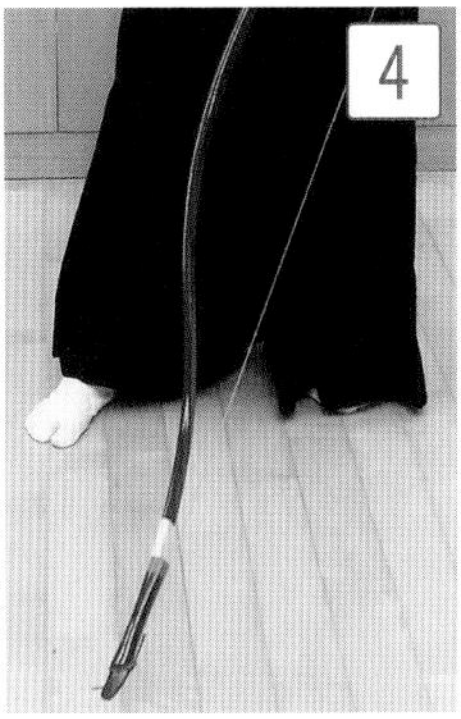

引き寄せた右足は弧を描くように一足で踏み開く。

顔を正面に向ける。

礼射系の足踏み

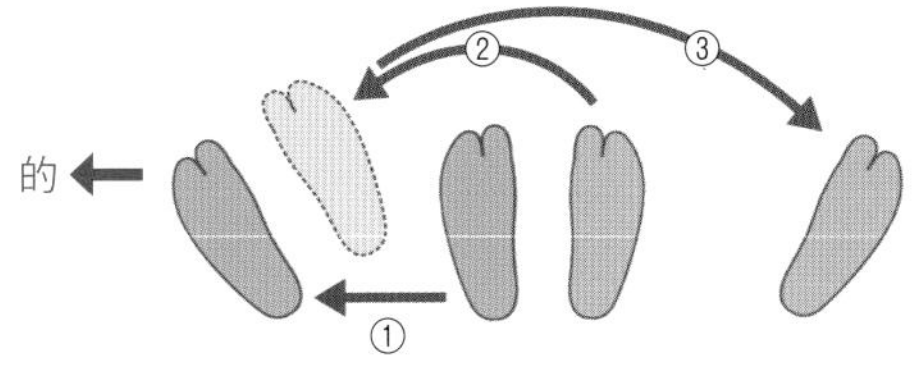

【武《ぶ》射《しゃ》系《けい》の足踏み】

執弓の姿勢をとる。

顔を的に向けて見定め、左足を半歩踏み開く。

顔を戻し、視線を足下に向け、右足を半歩踏み開く。

右足を踏み定めたら顔を起こす。

武射系の足踏み

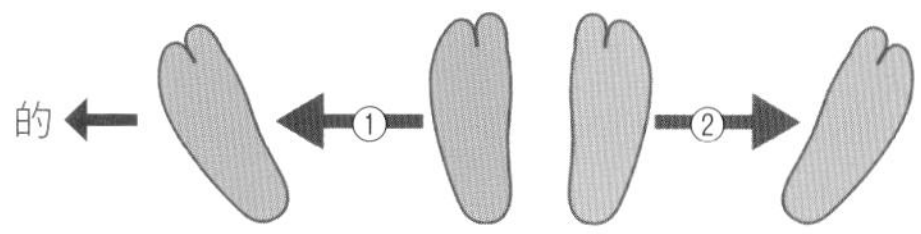

二　胴造り〔どうづくり〕

足踏みの後、両足の上に腰を据え、上体を安定させる動作およびその形です。足踏みを基礎とし、その上に胴体をまっすぐに置き、その姿勢が残心（残身）まで変化しないようにします。

足踏みを定めたら、両足の上に腰を正し、腰の上に上体をまっすぐ伸ばして、正しく上体をのせます。袴《はかま》の腰板（⇩Ｐ１０９）を背中につけるようにし、腹をわずかに出し、へそが下に向くような気持ちにします。このようにすることで、背中の筋肉を使えるようになり、腹にも力を込められます。上体は前後左右に曲がらないようにし、上から見たときに、両肩、腰、両足底が平行に重なるように保ちます。

左手は弓を左ひざ頭で支えながら握りを持ち、力を抜いて軽くひじを曲げます。右手は右腰骨に手を置き、軽くひじを張ります。

胴造りでしっかりと上体を安定させられないと、引分けや離れの際に姿勢が不安定になり、狙いが変化してしまいます。胴造りは▼行射《ぎょうしゃ》の基礎になるものです。

胴造り～弓構え

▼**行射**《ぎょうしゃ》
弓を引くこと。

袴の腰板（女性は腰板があるつもりで）を背中につけるようにする。その際、背中が反ってしまいがちなので気をつける。

おへそをやや下に向ける気持ちにすると、**丹田**〔たんでん〕（おへその下あたり）を少し締めるような力が入るので、この力を常に維持する。上体は縦の中心線をまっすぐに保つ。

両肩ー腰ー両足底が重なり、脊柱、うなじと三つの十文字を構成するようにする。これを**三重十文字**〔さんじゅうじゅうもんじ〕という。

三 弓構え〔ゆがまえ〕

※「斜面打起し法」による弓構えは⇨P52

右手で弦《つる》と矢を保持する動作（取《とり》懸《か》け）、弓の持ち方を定める動作（手《て》の内《うち》）、的を見定める動作（物見《ものみ》）の三つを完了して、的に対して弓を構えたときの形です。

まず、右手で弦と矢を保持します（取懸け）。その後、右手の形は変わらないよう維持し、左手を握り直し、打起す前の準備を整えます（手の内）。両腕の力は抜き、軽く丸みを帯びた状態にして、首の軸が変わらないようにゆっくりと的に顔を向けます（物見）。

取懸け

手の内

物見（弓構えの完成）

胴造り～弓構え

【取《と》懸《か》け】

弽《ゆがけ》の親指を弦にかけ、中指で親指を押さえて、人差し指を添え、弦と矢を保持します。

1 矢筈の約10㎝下の位置で、弽の帽子（親指）の弦枕を弦にかける。帽子と弦は直角にする。
中指と人差し指の第一関節で、力の偏りなく帽子を軽く押さえ取懸ける。この力は常に変えないようにする。

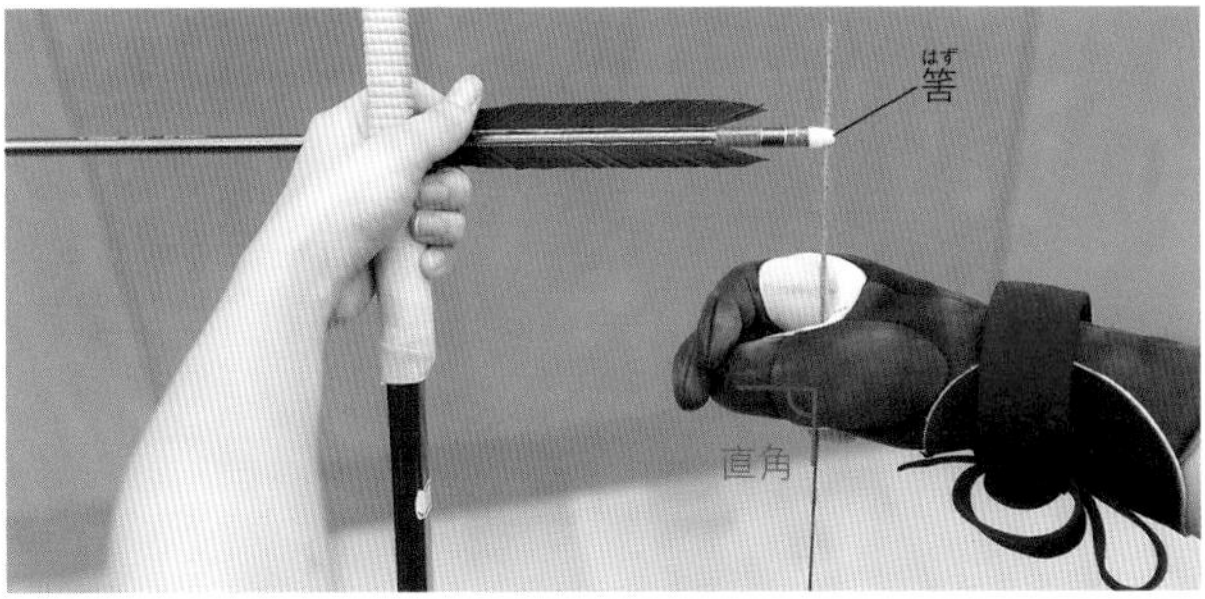
筈《はず》
直角

親指は根元から軽く曲げるようにし、指先は弽の帽子の爪側の面に軽く当たるくらい伸ばす。

> ⚠ 強く握り込んだり、力んで反らしたりすると自然な離れができないので注意

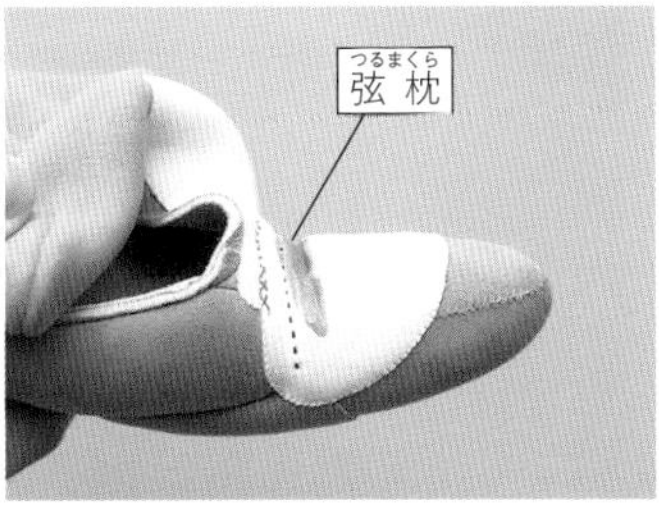
弦枕《つるまくら》

2 取懸けの形と力を変えないように、静かに筈まですり上げ、人差し指の側面で矢を軽く押さえる。

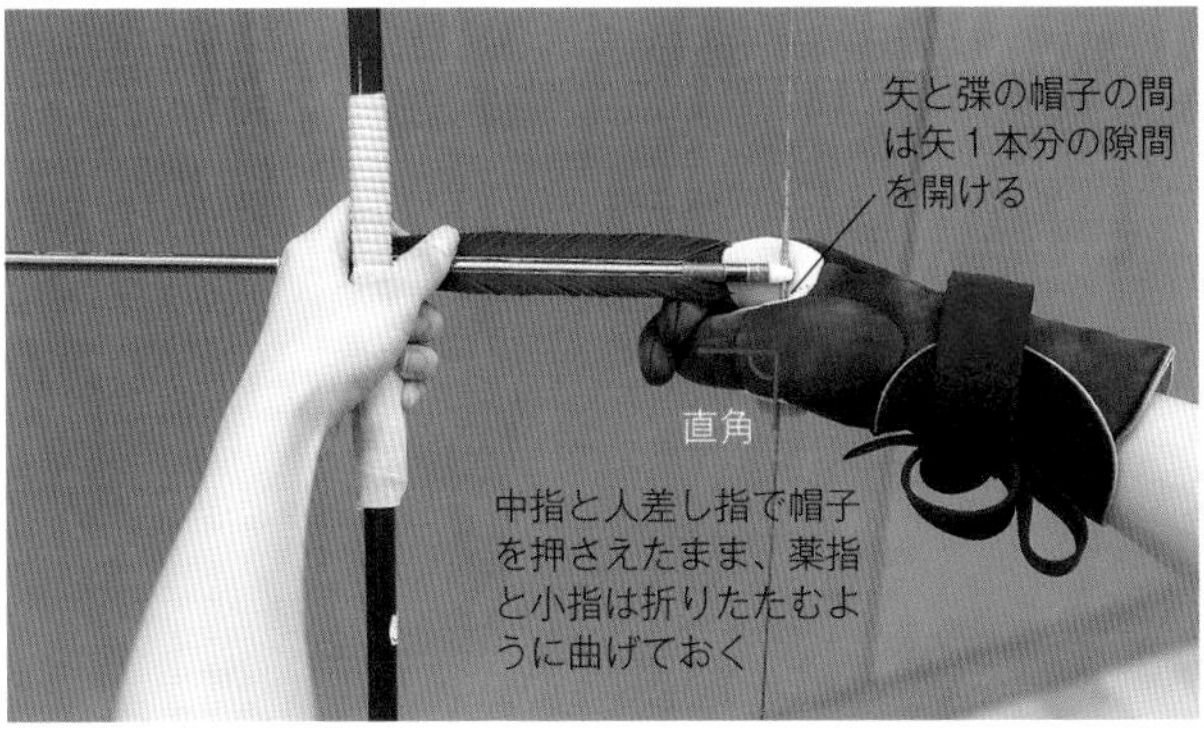
矢と弽の帽子の間は矢１本分の隙間を開ける
直角
中指と人差し指で帽子を押さえたまま、薬指と小指は折りたたむように曲げておく

【手《て》の内《うち》】

左手で弓の握りの正しい位置を握り、手の内の形を整えます。

1 矢摺籐と握革の境目から約1.5cm下に手をすぼめながら虎口を押し当てる。

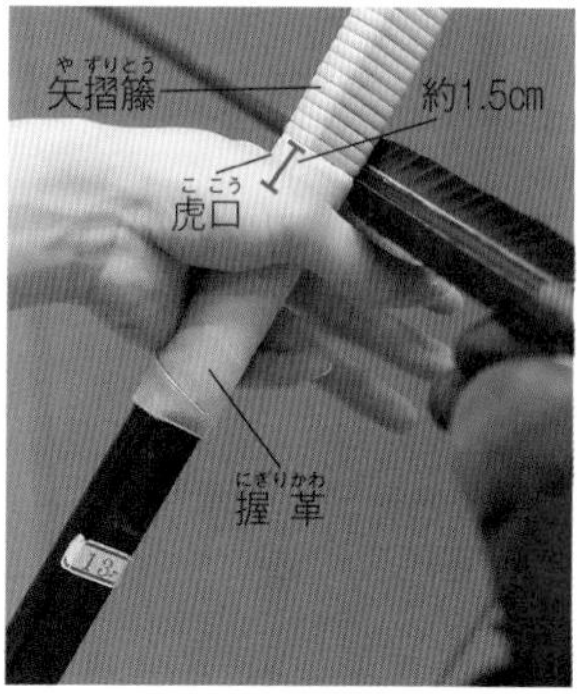

2 天文筋を弓の外竹左角に当て、内竹に中指、薬指、小指をそろえて軽く当てる(▼)。

⚠ 最後まで天文筋は外竹左角からずれないように注意

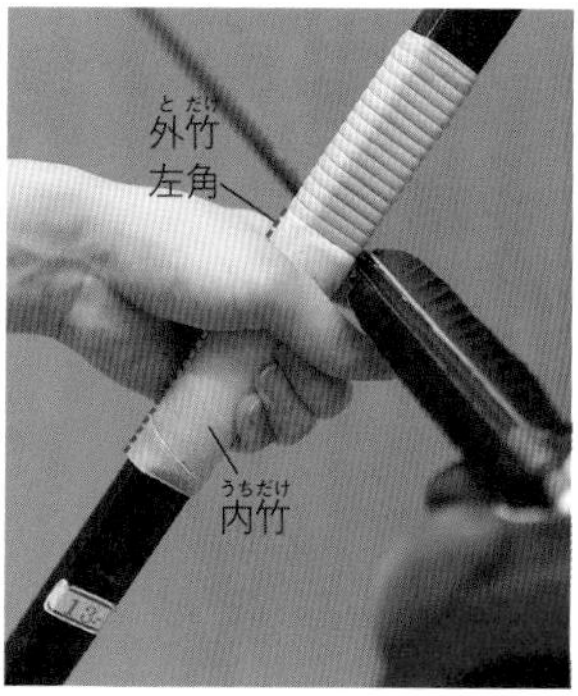

3 弓は握り込まず、親指～小指を軽く寄せるようにする。ひじは軽く曲げ、肩、ひじ、手首に無理がないよう楽にしておく。

4 羽の長さより少し広く弓を左右に開く。これを羽引きという。このとき、手でだけではなく、軽く胸から開くように意識する。

羽の長さより少し広く開く。

虎口《ここう》

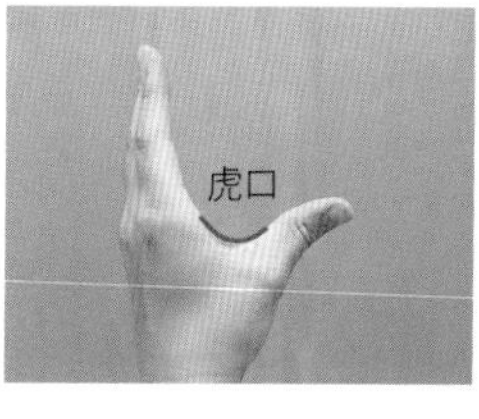

天文筋《てんもんすじ》（「てんもんきん」ともいう）

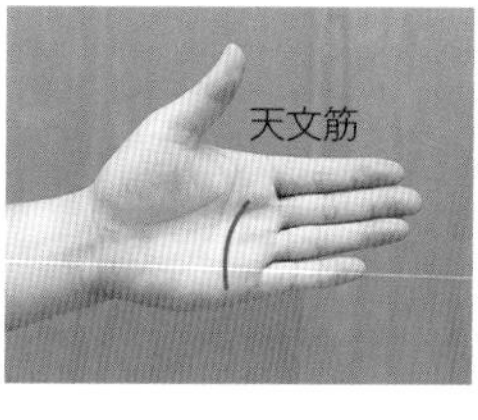

▼外竹《とだけ》と内竹《うちだけ》
外竹は、弦をかけた弓の外側の面、内竹は、弦をかけた内側の面のこと。内竹は前竹《まえだけ》ともいう。

【物見《ものみ》】

顔をゆっくりと的に向けます。両腕は力を抜き、軽く丸みを帯びた状態に保ちます。

顔を的に向ける前に、うなじを軽く上に向かって引っ張られるような心持ちにする。
首を傾けないこと。また、無理に的に向けすぎないように注意

頭頂が上に引っ張られている心持ちのまま、的に顔を向ける。残心（残身）まで物見の角度は変化しないようにする。

物見の角度は、右目の黒目が目頭側に、左目の黒目が目尻に寄る角度がよい。

四　打起し〔うちおこし〕

※「斜面打起し法」による打起しは⇩P53

弓を引きやすくするために、弓矢を持った左右のこぶしを上に高く上げる動作です。高く打起すことで、上から引き下ろす形となり、背中の筋肉を使って弓を大きく引けるようになります。

弓構えの姿勢から、肩が上がらないように気をつけながら、ゆっくりと頭上に両こぶしを上げます。両こぶしを体の遠くになるようにして、はじめは静かにゆっくり、なかほどはやや速く、終わりはまた静かにゆっくり止めるような気持ちで行います。

矢は地面と水平か、わずかに矢先が下がるように意識してください。

弓を高く上げようとすると▼肩が上がってしまいがちですが、肩が上がると、その後の動作が不安定になり、体のゆがみにもつながるため、肩は沈めるように意識します。

毎回、同じペースで行えるようにしましょう。

打起し～引分け～会

▼打起しで肩が上がらないようにするための練習はP63を参照。

胴造りが動かないように、胴体を下に沈めるように力を込める。矢は地面と水平に保つ。

3　打起したときの弓は、体と平行になるようにし、最後までこれを保つ。

1　手の内をつくる際に羽引きした幅が、もとの狭い幅に戻ってしまわないように注意する。

2　肩が上がらないように注意しながら、左右に偏らず、体の遠くに打起す。

右手主体で打起し、矢先が上に向かないように注意

五　引分け〔ひきわけ〕

※「斜面打起し法」による引分けは⇩P53

頭上に打起した弓を左右のバランスを保ちつつ引き込む動作です。正面打起しの場合、引分けのはじめに、打起した弓を左に押し開く大三をとります。

【大三《だいさん》まで】

大三までの動作を解説します。大三は、矢束《やづか》のおよそ二分の一を左手で押し開く動作です。大三には、①手の内を完成させる、②引き込みやすい体勢をつくるという二つの役割があります。**とくに、的中を左右する手の内は大三で形が決まるため、いつも同じように完成させられるようにしましょう。**

打起した状態から、左手で的方向に弓を押し開きつつ、手の内の形を変えずに手の中で弓を回し、天文筋《てんもんすじ》が外竹《とだけ》の左角からはずれないように注意し、小指の第一関節が外竹の右角にかかるところで止めます。このとき右手は弦に引っ張られるようにし、右肩と右ひじは流されて動かないように、反対方向にやや張ります。上から見たときに矢は体と平行で、額側面と右こぶしの間はこぶし一つから二つ分ほどあけます。

打起し～
引分け～会

大三

見た目上の力は止まっているが、押し引きの力は継続していくような気持ちで大三をとる。

弓構えで作った手の内を変えずに的方向に押し開く。手を弓に巻き込むのではなく、弓が手の中で回転するようにする。

⚠ 手の形を変えてしまうと手の内がうまく完成しない

手が移行する際、高さがあまり変わらないように注意。右手は左手につられるようにする。右肩と右ひじは動かないようにし、弓の力を右ひじで受けるイメージでやや張る。

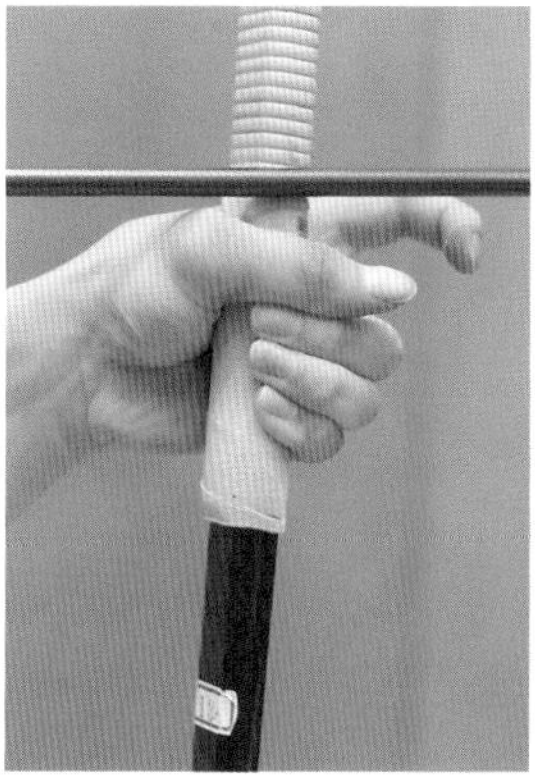

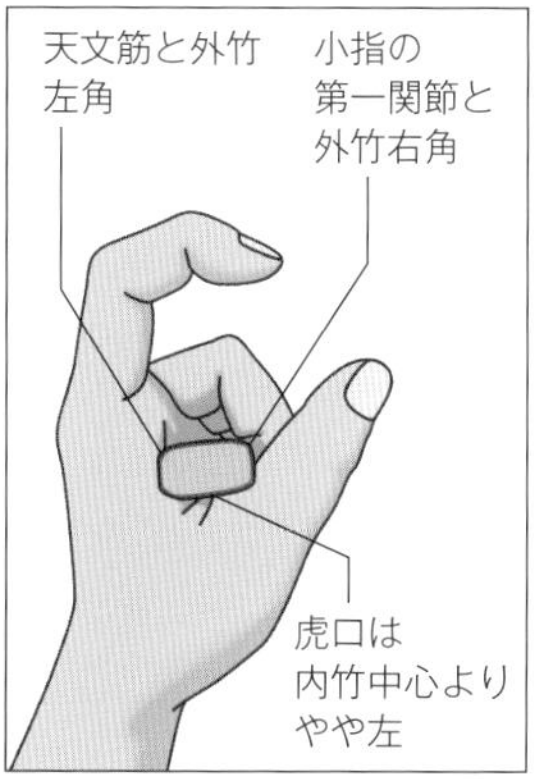

天文筋は外竹左角からずらさず、小指の第一関節が外竹右角にかかるところで止める。うまくできていると引っかかってそれ以上手の内は入らない。また、このとき虎口〔ここう〕は中心よりやや左に位置する程度がよい。

【大三以降の引分け】

大三以降、体が弓と弦の間に割って入るように弓を押し開きます。手の内がすべらないように注意しながら、左手を主導にして弓を押し開き、矢束《やづか》まで引き込みます。

1 左手を主として、弓で矢をこするように押し開く。

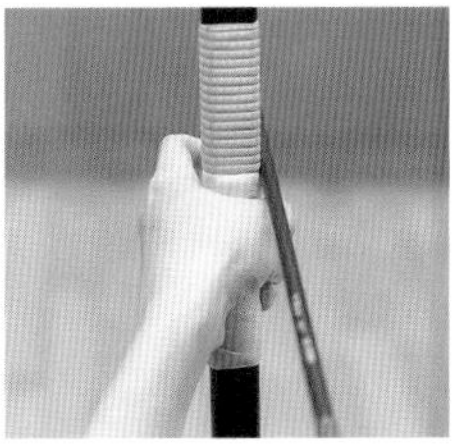

2 弓を引分けるにつれて、左手親指の付け根で弓を押す力を強める。このとき弓と手の内がすべらないように注意する。

右手はむだな力を入れず、弓の力はひじで受ける。引くにしたがって少しずつ弦をひねる。

右手のひねりは手首ではなく、ひじ先からひねるように意識すると手首の力が抜け、引きやすくなる。

引分けの途中で左手首が入りすぎたり、控えたりしないように注意する。

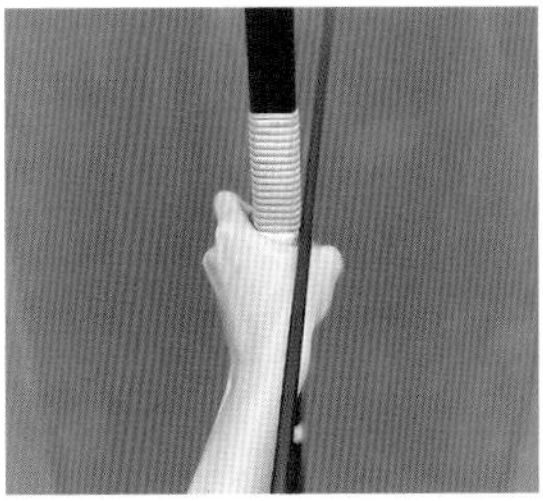

手首が入りすぎている。

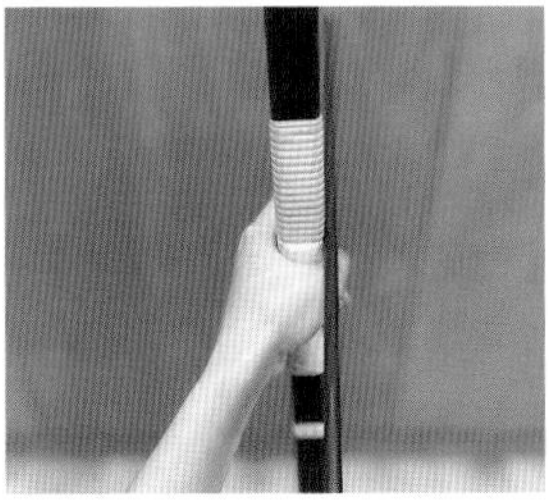

手首を控えてしまっている。

大三から最短距離で会までを引分ける（中を引く）

弓の中を引く（▼）ようにする。写真では、○の部分（大三での手の位置）から、矢印のように引く。

胸を弓の中に割って入るように引き分ける

手先だけで引かず、弓と体が近づくように胸を開きながら引分ける。

肩が上がりやすいので注意

▼弓の中を引く
引分ける道筋が上下になったり、身体から離れすぎたり近すぎる位置に偏ることなく、適正な道筋で引くこと。

六 会〔かい〕

会は、詰合《つめあ》い、伸合《のびあ》い、彀《やごろ》の三つで構成される、弓を矢束《やづか》いっぱいに引き込み、狙いを定めて安定させるだけでなく、弓を押し引きする力を継続的に加え続ける動作および形です。

狙い、正しい矢束、▼1頬付《ほおづけ》、▼2胸弦《むなづる》を定めた後に、左手は弓を押す力を高めていき、右手は▼3矢筋《やすじ》に張り続け、押し引きがこれ以上強くならず、左右のバランスがとれる瞬間まで粘り強く押し引きを続けます。

【詰合《つめあ》い】

①狙いをつける、②正しい矢束を引き込む、③頬付をつける、④胸弦をつける、の４つを同時にそろえます。

打起し～引分け～会

▼1 **頬付《ほおづけ》** 頬骨の下から口までの間に矢をつけること。

▼2 **胸弦《むなづる》** 弦が胸につくこと。

▼3 **矢筋《やすじ》** 矢の延長線。

狙いのつけ方

打起しから引分ける際、右目が利き目の場合は、左腕と的の関係を見ながら引分ける。詰合いでは矢摺籐《やずりとう》との位置関係で狙いをつける（⇩利き目が左の場合はP121参照）。

矢摺籐の左側に的が完全に出る場合の一例。

矢摺籐で的の一部が隠れる場合の一例。

矢摺籐と的が重なって見える場合の一例。

詰合いで狙いを定める。矢束・頬付・胸弦のいずれが変化しても狙いに影響があるので注意。

利き目のチェック方法（手で輪を作って利き目をチェックし合う方法）

2人組になって2メートルほど距離をとる。1人が腕を伸ばして親指と人差し指で輪をつくり、両目で輪の中の1点を定めて相手の顔を見る。

相手から見て、見えている目が利き目となる。

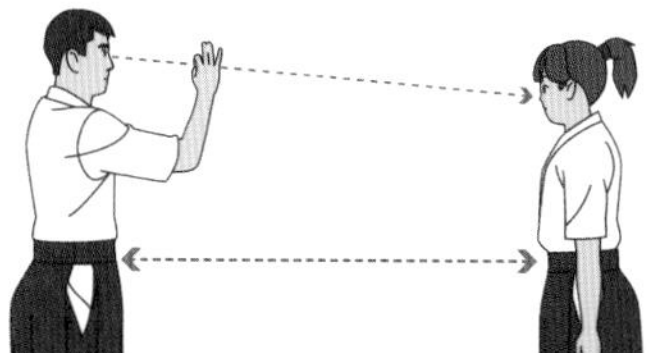

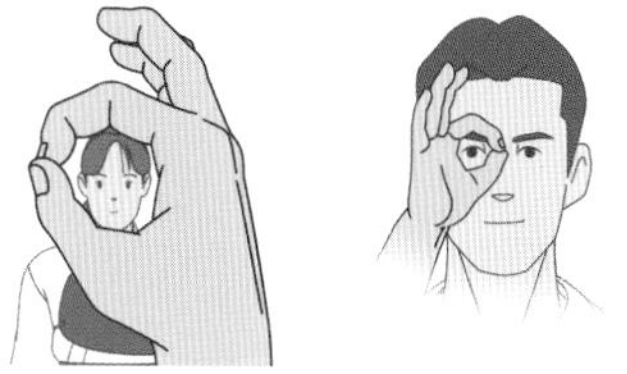

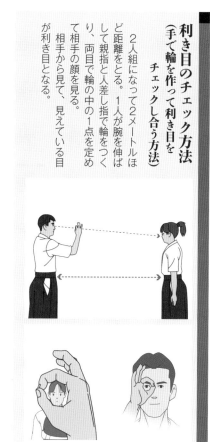

【伸《のび》合《あ》い】

▼角見《つのみ》（親指の付け根）で弓の右角を的の方へを押す力を高めていくこと、矢束《やづか》を増大させるように押し引きすることの二つに徹します。

引分けと同様、体が弓と弦の間に割って入るように押し引きを続け、左手は角見、右手はひじで弓と弦の力を受けるような心持ちにします。やや肩を下に下げるような力を入れ、胴造りで意識した下腹の力が抜けないようにして、頭は上からつられて伸びるように意識します。押し引きするだけでなく、上下にも伸びることで肩関節がゆるんだり、胴体が動いたりするのを防ぎます。

矢筋（矢の延長線上）の方向に、左右一直線に伸び合うよう意識する。

頬付と胸弦が離れないようにする。

▼**角見《つのみ》**
弓を持った左手の親指の付け根。また、角見で弓の右角を的方向へ押し込むことを「角見を効かせる」という。

【彀《やごろ》】

彀は、心身の力を尽くして、伸合いがこれ以上高められないという限界の瞬間に離れるポイントです。左右のバランスがとれ、気分の充実を感じときに矢を放ちます。常に彀を意識することにより、いつも一定の矢束と力の方向で確信をもって矢を放つことができるようになります。とくに、**初心者は詰合いからさらに数センチメートル引く気持ちで、時間的に長めに伸合い限界を意識して自分の意志で矢を放つようにしましょう。**

矢筋（矢の延長線上）の方向に、左右一直線に伸合うよう意識する。

「会」ではなぜ時間をかけて伸合うのか

「会」で時間をかけて伸合うのは、正確に、強く矢を放つためだ。まず、弓道では、狙いや矢束を一定する道具などは使用しない。自分の感覚で、毎回これらが同じになるように、弓を引く必要がある。そのため、じっくりと力を加え続け、いつも同じ方向と力で、矢を放つ準備することが重要だ。

また、筋肉はリラックスした状態から、いきなり力を入れるよりも、ある程度力を入れている状態から、さらに力を発揮するほうが、力を強く、素早く立ち上げることができる（デコピンをイメージしてほしい）。

伸合いで時間をかけ、可能な限り押し引きの力を高めることで、キレのある強い「離れ」につながる。矢を放つ前の助走だと思って、丁寧に、しっかりと強く伸合おう。

七 離れ〔はなれ〕

伸合いがピークに達した瞬間に、矢を放つことをいいます。離れは自分の意志で放しますが、彀《やごろ》に至って放したときは、あたかも自然に離れたような冴《さ》えがあり、そのため「はなし」ではなく「はなれ」といいます。

胴造りで意識した下腹の力は離れの瞬間も抜かない。

彀に達した瞬間、左手の親指の付け根（角見《つのみ》）で弓の右角を的の方に素早く強く押し込みます。これをきっかけに、右手はひねりを維持したまま、右手を矢筋に強く開き、矢を放ちます。

離れの瞬間は肩関節が動き、引き尺が戻ってしまうことがあるため、体をしっかりと開いて弓と弦の中に入り込むように力を入れます。

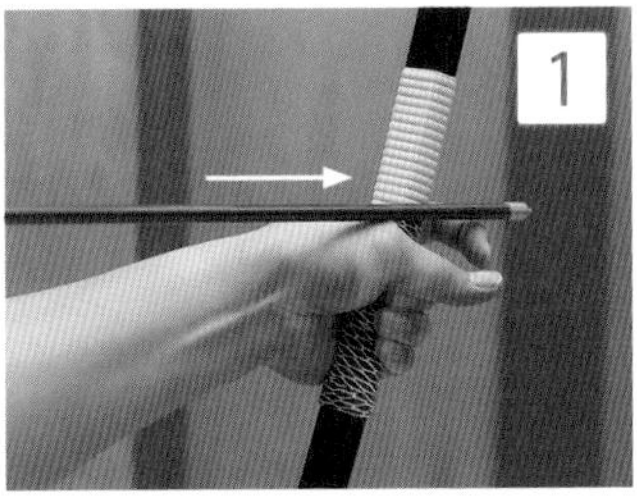

左手は角見で弓の右角を押す力を強めつつ、手を締めたまま弓の上部を的の方に倒すような力をかける（上押し）。

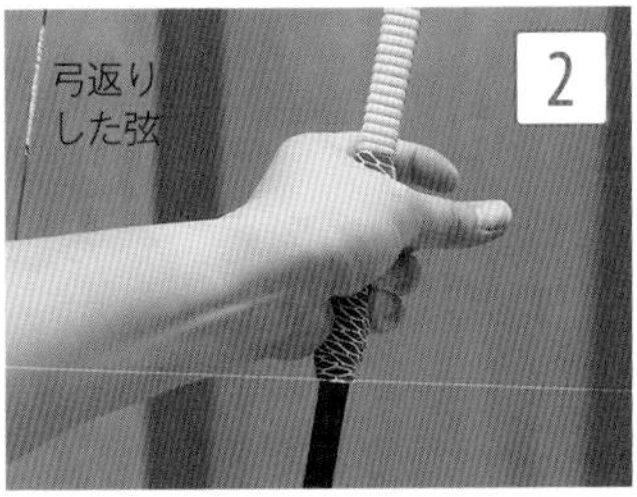

離れの際に手を開かず、手の内の形がくずれないように注意。離れで弦が左手の甲側にくることを**弓返り**〔ゆがえり〕という。

八　残心（残身）〔ざんしん〕

矢の離れた後の姿勢をいいます。「残心」は離れの後の心境のこと、「残身」は実際の姿のことを指します。残心（残身）は、射の集大成です。

残心（残身）でも伸合いを続けるような気持ちで、気を抜かず矢所をしっかりと見定めるようにして数秒、残身をとります。自己の射を反省し、行射の内容を矢所と感覚から振り返るようにしましょう。

残心（残身）で体の緊張が最も高くなるようにし、上下左右に数秒ほど伸合い続ける心持ちにする。

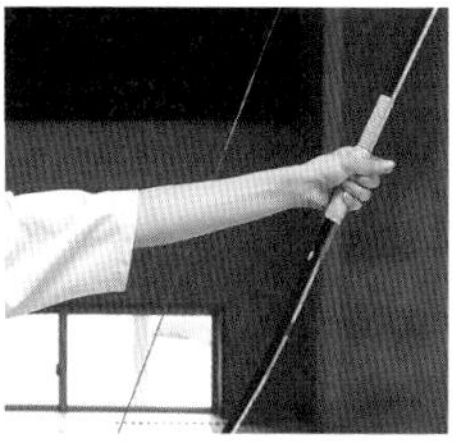

残心（残身）で弓は上部がやや的方向に倒れるようにする。

残心（残身）の後、ゆっくりと弓倒しをする。

両こぶしの高さは両肩を結んだ線とほぼ同じ高さになるようにし、上から見たときは、両こぶしが両肩を結んだ線の延長線上か、体を開いた結果としてやや後ろになるようにする。

斜面打起し法による射法八節

斜面打起し法は、弓構えで左斜めに構え、そのまま打起す射法です。その特徴は、直接目で確認しながら、合理的な手の内を正確に準備できることです。形の上では、弓構えにおいて、手の内の完成形をつくることができます。

斜面打起し法の手の内の整え方は、正面打起し法の射手にとっても、大三での手の内の参考になるでしょう。

四　打起し
弓構えからゆっくりと両手を上にあげる。

七　離れ
会で力を十分に高め、確信をもって矢を放つ。

八　残心（残身）
離れの後、矢所を見定めて姿勢をしばらく維持し、気合のこもったまま伸び続ける。

一　足踏み

足を踏み開き、立ち位置と立ち方を決定する。

二　胴造り

両足の上に上体を正しく置き、姿勢を安定させる。

三　弓構え

取懸けを行い、手の内を整え、物見を行う。

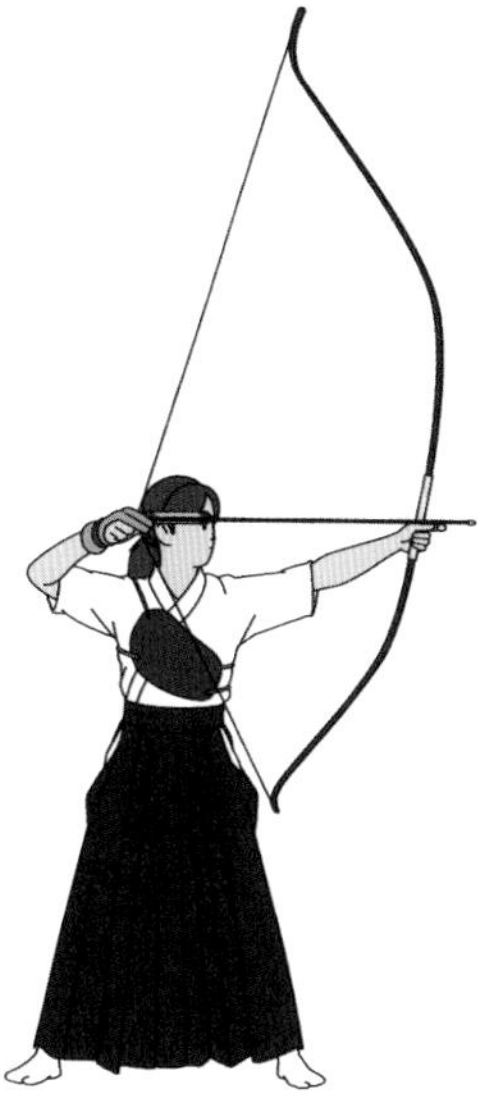

五　引分け

的方向に弓を押し開くように弓を引き込む。

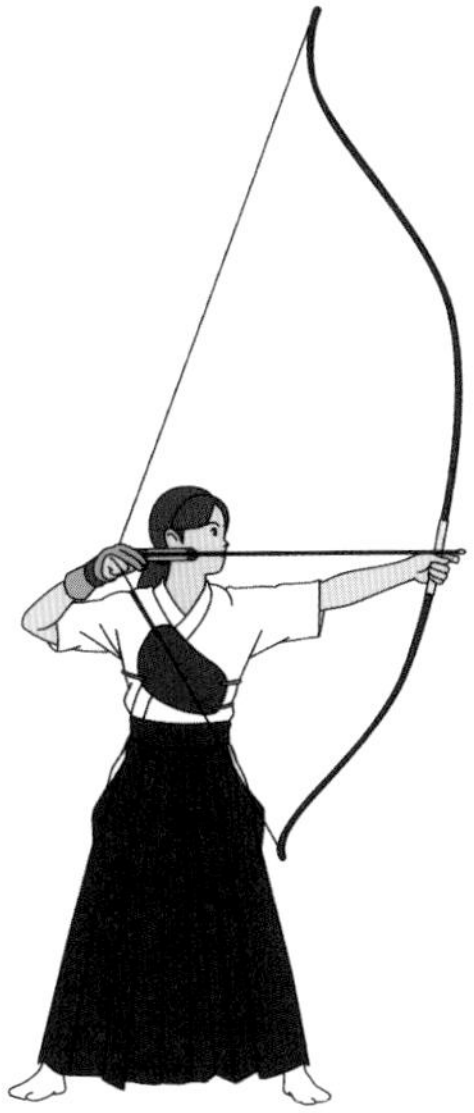

六　会

弓を十分に体に引きつけ、的に狙いをつけたまま、押し引きの力を高め続ける。

正面打起し法とは異なる、斜面打起し法による弓構え、打起し、引分けを解説します。

「斜面打起し法」による弓構え

取懸けまでは、「正面打起し法」と同様に行います。その後、弓を左へ移し、右手もそれに応じて移動させます。次に、①～④の流れで手の内を整えます。その後、物見を行い弓構えが完成します。

【手の内を整える】

1 虎口〔ここう〕（左手の親指と人差し指の間の股）を、矢摺籐〔やずりとう〕の1.5㎝ほど下に、弓の左右中央に対して左４対右６になるように当てる。虎口の皮（水かきのような部分）を巻き込むようにする。

2 弓の外竹〔とだけ〕左角に天文筋を当てる。このとき親指の付け根と小指の付け根を近づけるように手をすぼめることがコツ。

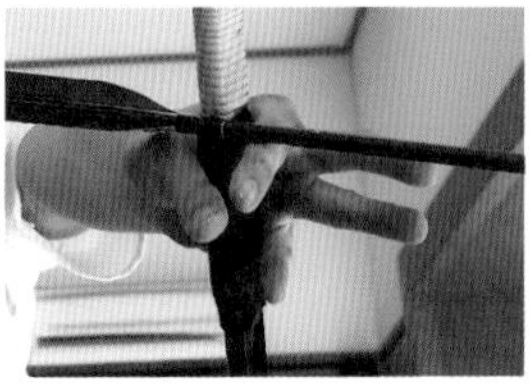

3 薬指、中指が小指の先端にそろうように親指と小指の間に差し込む。このとき、巻き込んだ虎口の皮の部分がほどけないように気をつけ、小指と親指の距離は変化させない。最後まで中指・薬指・小指がすべらないように締める。

4 手の内完成後、的方向に12～15㎝程度、弓を押し開く。

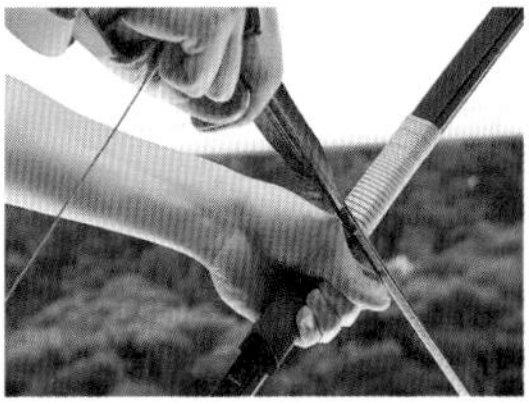

⚠ 手をすぼめる力と三指を締める力を意識して、行射中に手の内の形が変わらないように保つ

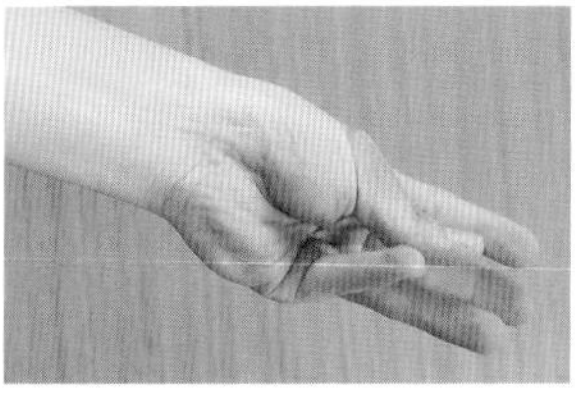

「斜面打起し法」による打起し

右手で左手をつり上げる心持ちで打起す。打起しが完了したときは、矢が地面と平行かやや矢先が下（**水流れ**）になるようにする。

肩が上がりやすいので注意

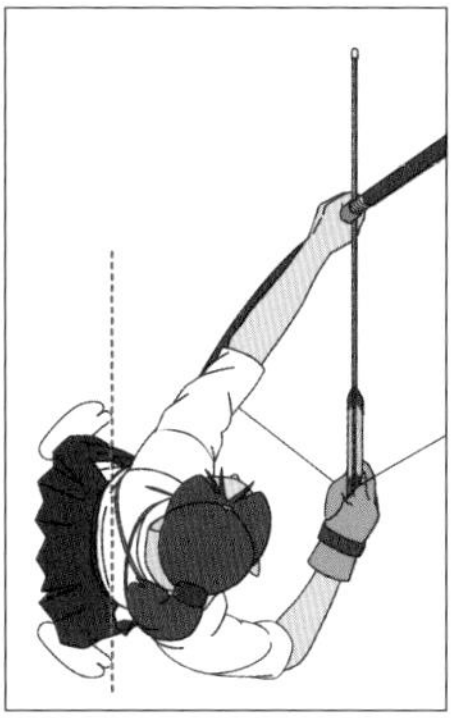

矢は上から見たとき、足踏みと平行にする。

「斜面打起し法」による引分け

打起してそのまま引分ける方法と、途中で三分の二をとる方法があります。三分の二をとる場合は、右手が眉の高さあたりになったところでいったん引きとどめます。矢はおおよそ地面と水平に保ったまま引分けます。

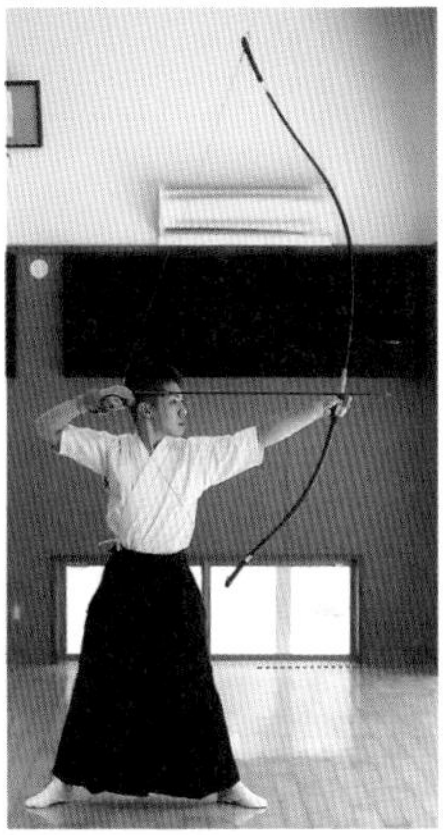

三分の二では、左右のバランスや、矢が水平かなどを確認する。

弓の力に応じて、力を加えつつ引分ける。

基本体を身につける

基本体とは、基本の姿勢と基本の動作で構成される弓道の姿勢と動作の様式です。これらは弓を引く姿勢の基礎となるため、自然に行えるようになるまで稽古《けいこ》しましょう。とくに、「胴造り」がしっかりできていることを常に意識し、すべての動作は腰を中心にして行うことが大切です。また、初心のうちは、動作に合わせて息合いを意識して、一つひとつの動作を落ち着いて行いましょう。

基本の姿勢

【立った姿勢】

ポイント！
- うなじをまっすぐに伸ばす。
- 両腕は自然に垂れ、手に力を入れず、指をそろえて軽く両腿の付け根あたりに置く。
- 視線は鼻頭を通して約4メートル前方に置く。

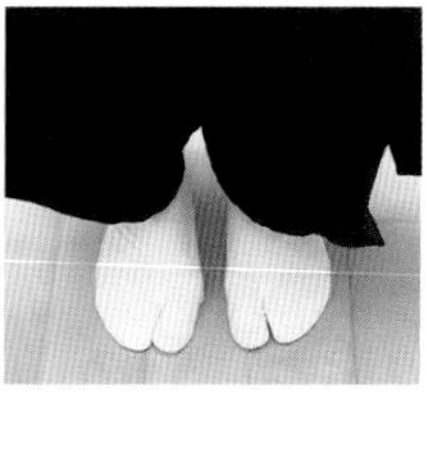

男性は、両足を約3センチメートルの間隔で平行に開く。

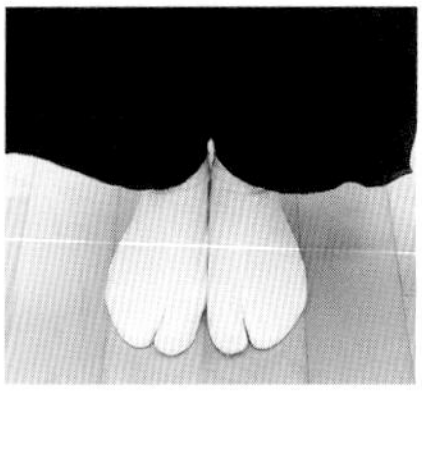

女性は、両足が接するように閉じる。

【腰かけた姿勢】

ポイント!

・なるべく深く腰かけ、背もたれには寄りかからない。
・うなじを伸ばし、上体をまっすぐ保つ。
・女性は足を閉じ、男性は軽く間隔を開けてそろえる。

【正坐】

ポイント!

・両足の親指を重ねる。
・両ひざ頭は、男性はこぶし一つ分ほど開け、女性はなるべくつける。
・うなじを伸ばし、上体をまっすぐ保つ。
・手は腿の上に置き、指先をやや内側に向ける。
・視線は鼻頭を通して約2メートル前方におく。

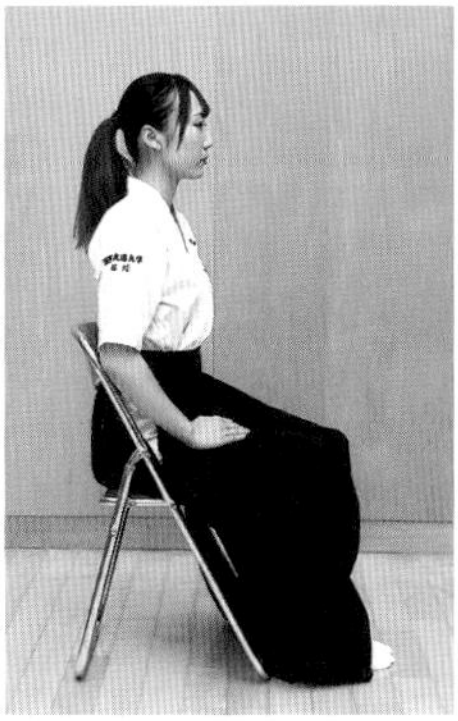

▼下座
椅子には下座（的に向かって左側）から腰かけ、立つときも下座のほうに出る。

両親指の足を重ねる。

【跪《き》坐《ざ》】

座って爪立《つまだ》った姿勢。いつでも次の動作に移れる状態にします。

つま先はできるだけ前の位置に置く。

両足のかかと同士をつける。

【蹲《そん》踞《きょ》】

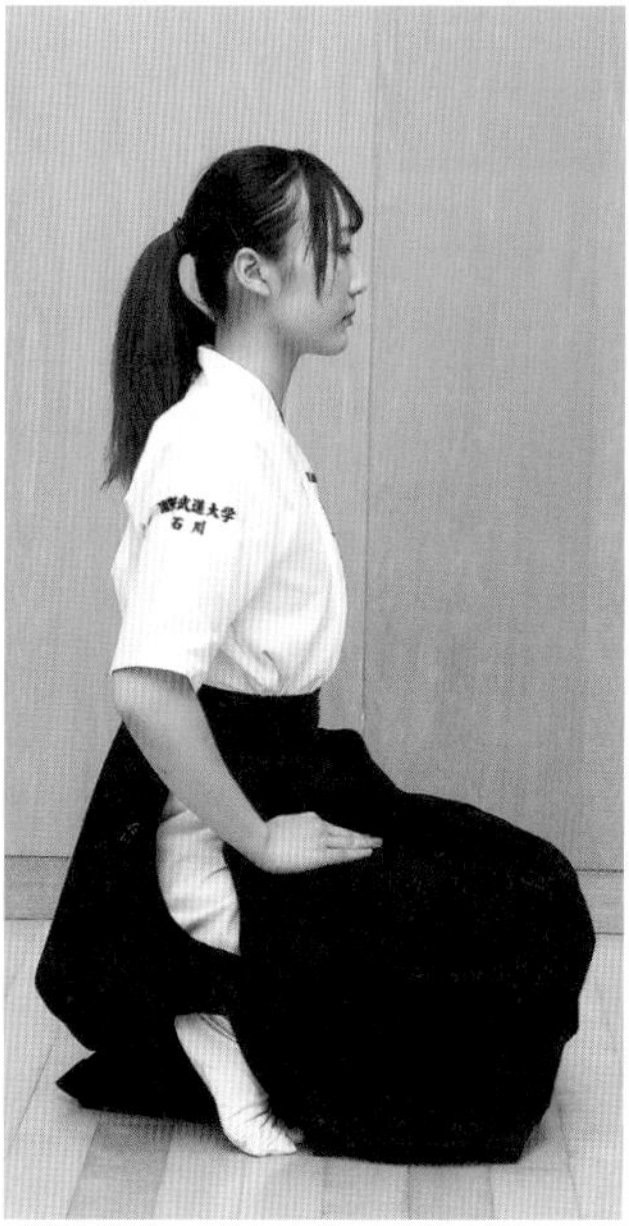

両足をそろえたまま、ひざをつかずに、爪立って腰をおろした姿勢。介添えをするときなどに行います。

基本の動作

基本の動作

【立ち方】

1

2 腰を浮かせてひざ立ちになる。

3 左足を立てて、正しく上体を保ちつつ立ち上がる。このとき右ひざより左足が大きく前に出ないように注意する。

4 右足をそろえる。

【座り方】

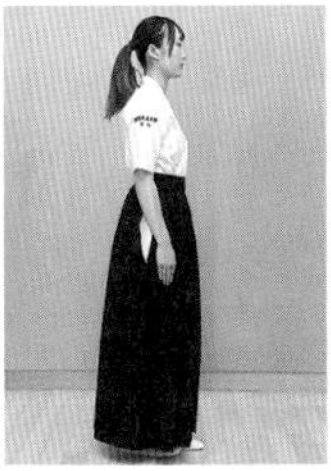

1 立った姿勢から右足を約半足後方にまっすぐ引く。

2 上体の姿勢を保ったまま、後方に引いた右足のひざを床につけ、次に左足のひざをつけて、跪坐の姿勢をとる。

※正坐をする場合は、片方ずつ両足のつま先を伏せ、両足親指を重ねて、静かに尻をかかとの上に置く。

【歩き方】

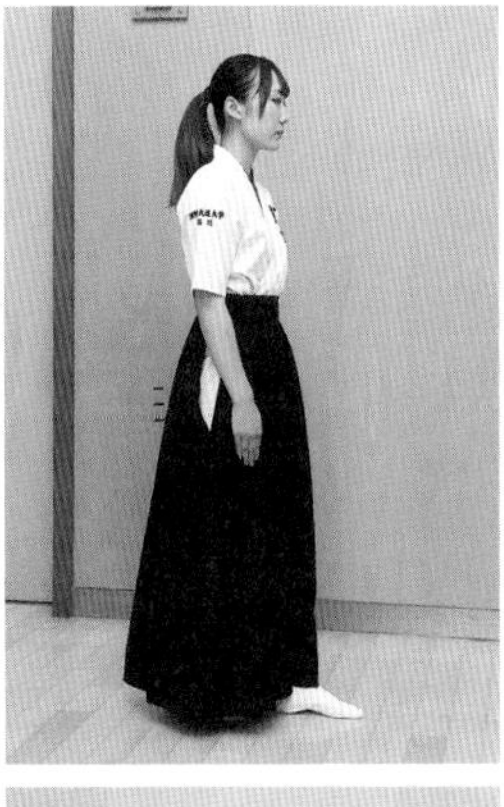

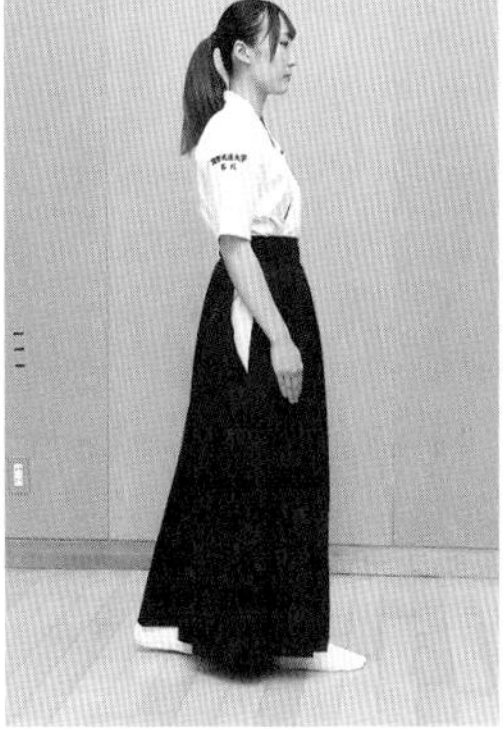

上体の姿勢をまっすぐ保ち、ひざを曲げずに、足の裏を大きく返さないようにして歩く。視線は4メートル前方を見る。2メートルを女性は4歩半、男性は3歩半を目安に歩く。ただし、体格によって歩数は多少異なる。

【停止体の回り方】

1 向きたい方向の足を軸足として位置を変えず、もう一方の足を軸足の前に直角に置く。

2 向きたい方向に体を90度回転させ、軸足をもう一方の足にそろえる。姿勢をくずさないように注意して回転する。

3

【歩行中の回り方】

1

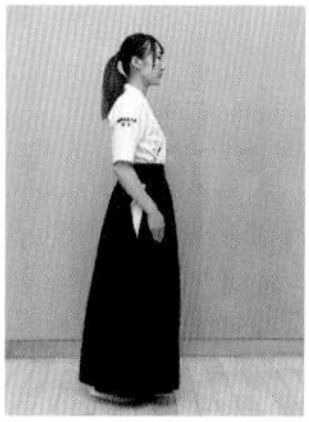

2 歩きながら、向きを変えたい方向の足を、反対の足のかかとに接するように90度回転させて踏み出す。同時に、腰を中心に体を回す。

3 反対の足も同じ方向に大きく踏み出し、体の向きを完全に変えて歩行を続ける。

【坐しての回り方】

1 正坐をしている場合、まず腰を浮かせてひざ立ちになり、両足のつま先を立てる（跪坐の場合は跪坐から動作を行う）。

2 向く方向の足のひざを軸とし、反対の足のひざを軸足のひざにつけたまま足先を開いて90度回転させる。

3 軸足のひざをもう一方の足にそろえて跪坐する。正坐する場合は、跪坐から座り直す。

●足の運び

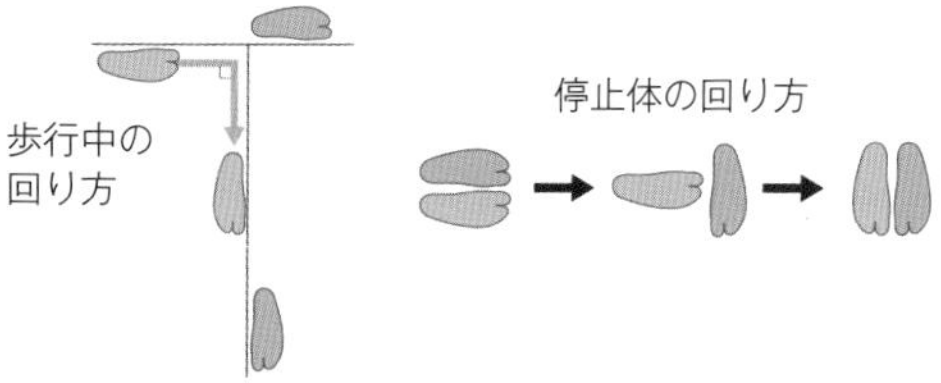

【坐礼】

正坐の姿勢から、上体を約45度かがめて礼をします。

1 腿に置いた手を、腿の外側面をすべせるようにして、ひざの前の床に置く。指先は内側に向ける。

2 体を約45度かがめ、両手の人差し指と親指の間に鼻頭がくるような心持ちで礼をする。

【立礼】

立った姿勢から、上体を約40度かがめて礼をします。

1 上体をかがめるにしたがい、両手を下方にすべらせてひざの上方につける。上体を曲げないように注意する。

2 上体をまっすぐに保ちながら体を起こしつつ、両手を両腿のやや前方に戻す。

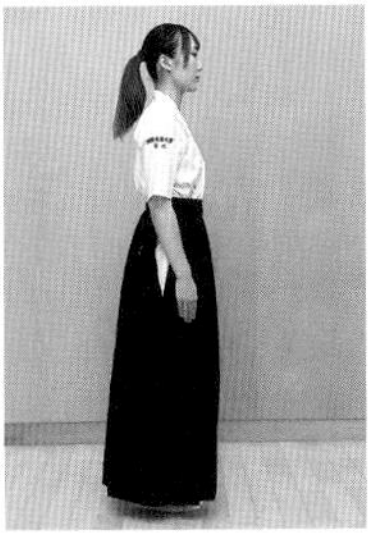

【揖《ゆう》】

ごく浅い礼を揖といい、入退場や、行射を開始する際に、射場や的に向かって礼節と感謝の念を表すために行います。

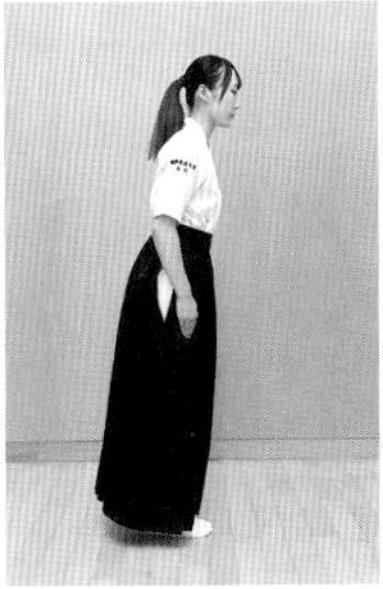

上体の姿勢を保ったまま、前方へ約10cm前傾させる。同様に上体の姿勢を保ちつつ、ゆっくりと体を戻す。

礼

回り方

執弓《とりゆみ》の姿勢

立っているか、跪坐をして、弓矢を持ったときの姿勢を執弓の姿勢といいます。

ポイント！

・左手は弓の握革の上端を持ち、弦が左ひじの外側にくるようにして、こぶしを左腰につける。
・上から見たときに、矢の延長線と弦の延長線が末弭《うらはず》（弓の上端）で交わって二等辺三角形を描くようにする。
・立った姿勢では末弭を床から約10センチメートル浮かせる。跪坐の姿勢では末弭は床につける。

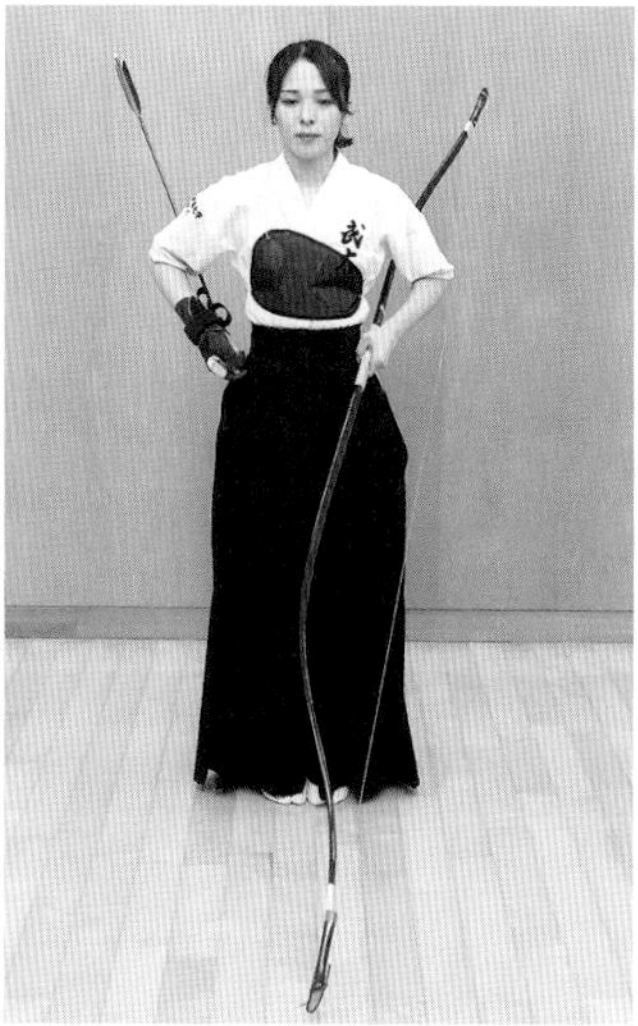

武射系《ぶしゃけい》

右手は矢の先端を持ち、こぶしを右腰につける。

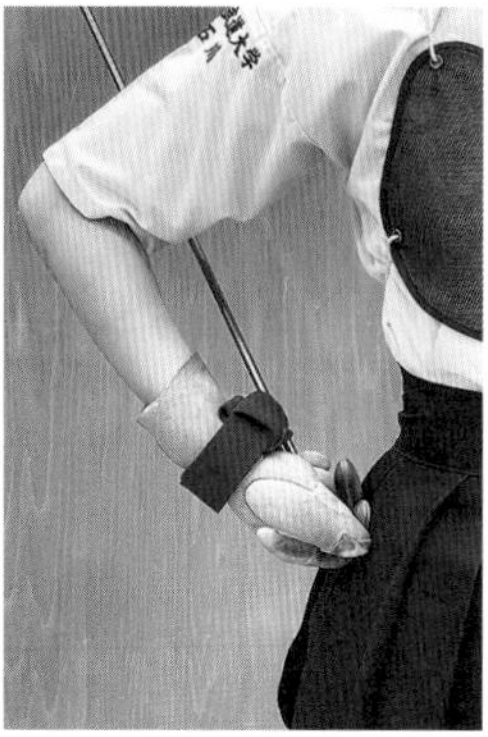

礼射系《れいしゃけい》

礼射系では射付節《いつけぶし》（矢尻から約10cm上）を持つ。

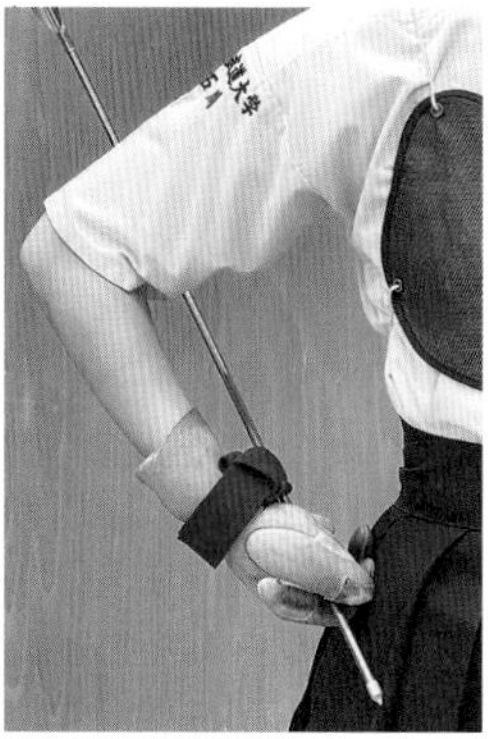

執弓の姿勢で座る

立った姿勢から座るときは、末弭の位置が腰の高さの移動と一緒に動くようにし、10センチメートル腰が下がったときに末弭が床につくようにする。

第二章　稽古をはじめよう

稽古《けいこ》の順序

弓を持ち、矢を番《つが》えて弓を引く稽古をはじめる前に、まず、何も持たずに行う「徒手《としゅ》稽古」と弓を持って矢は番えずに行う「素引《すび》き稽古」で弓を引く形を学ぶことからはじめます。また、「ゴム弓稽古」も取り入れたい稽古の一つです。順に見ていきましょう。

徒手稽古

何も持たずに、射法八節の形を学びます。**徒手稽古では形をよく学び、射法八節の順序を体で覚えましょう。**

四　打起し

肩が上がらないように注意しながら、両こぶしができるだけ体の遠くになるように腕を高く上げる。

七　離れ

残心（残身）が大の字になるように右手を開く。

八　残心（残身）

数秒間、力を抜かずに離れの後の姿勢を保つ。

▼女性は腰板があるつもりで行う。また、ジャージなどで行う場合は、ノートや下敷きなどを腰板の代わりに利用するとよい。

一　足踏み

足は自己の矢束の幅で、角度を約60度に開く。一度、矢を置いて幅を合わせてみるとよい（⇨P28）。

二　胴造り

袴の腰板（背板）が背中につくようにし、上体をやや伏せるようにして、おへそを下に向ける（▼）。

三　弓構え

肩を落とし、頭は上につられるような心持ちで、腕は力を抜いて軽く**円相**になるように構える。その後ゆっくりと物見を行う。

円相《えんそう》の構え

円相は両腕を軽く曲げ、上から見たときに丸みをもつ形。円相を意識して構えるときは、ひじを曲げすぎないように注意する。

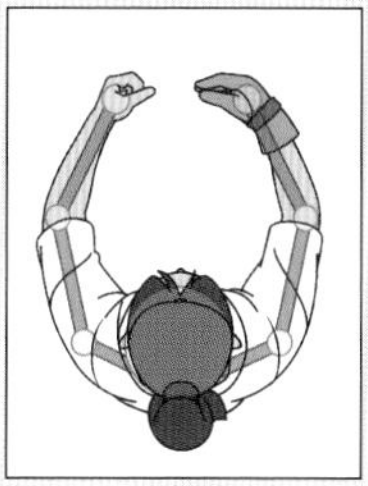

五　引分け

左手のこぶしを的方向に押し開くにしたがって、右手が引っ張られるようなイメージで大三をとる。大三の後、左右の手を同じ速さで引分ける。

六　会

実際に引いているイメージを持ち、肩はやや下げながら左右に伸びるように力を入れる。5 ～ 10秒ほど続ける。

◉打起しで肩が上がってしまうとき

左の練習を行い、この感覚で打起すとよい。①背筋を伸ばし、手のひらを下に向けて腕を前に伸ばす。②指先を上に向け、手のひらを前に押すようにしながら腕を上げていく。

素《す》引《び》き稽古

徒手稽古で射法八節のイメージをつかんだら、実際に弓を持って素引き稽古を行います。弓を使うことで、弓の反発力を受けながら、左手を押し開く力と右手で引く力をつけることができます。また、射法八節の形通り引けるようになってきたら会で体を弓に割り込むようにして、押し引きする力を強めていき、伸合う感覚を覚えてください。

弓を張って準備したら（⇩P101）、次の流れで行います。▼弽《ゆがけ》は使用しません。指を痛めないようにハンドタオルなどを使用するとよいでしょう。

▼弽をして素引きを行うと、意図せず弦が放れてしまい、顔や腕を打つ危険がある。また、右手を握り込む癖がついてしまうこともあるため、素引きでは弽を使用しない。

四　打起し

肩が上がらないように注意しながら、両こぶしができるだけ体の遠くになるように弓を高く打起す。

七　離れ

いったん弓をもとの状態に引き戻して、弦から手を離したのち、再び会の形をとり、離れを行う。

八　残心（残身）

大の字になるように大きく残心（残身）の形をとり、継続して数秒間、上下左右に伸びる。静かに弓倒しをして、物見を返す。

素引きでは決して会のときに弦から手を離さないこと

一　足踏み

執弓〔とりゆみ〕の姿勢で立ち、的を見るイメージで左を向き、足踏みを踏む。

二　胴造り

左ひざ頭に弓の本弭〔もとはず〕を置き、右手を腰骨に当て、ひじを真横で曲げる。

本弭は股の内側に入れない

三　弓構え

右手の親指以外の４本の指でしっかりと弦を持つ。手の内を整え、的があるつもりで物見を行う。

五　引分け（大三まで）

弓構えで整えた手の内をそのまま保ちながら引分けていき、大三をとる。弓の反発力で左肩が上がりやすいので注意する。

引分け（大三以降）

弓の中に体を割り込む気持ちを強く持ち、左手で弓を押し開くようにして引分ける。左手が高くならないように注意。

六　会

胸に弦がしっかりつくまで引分ける。会では押し引きする力を強める。会の長さは初心のうちは長めを意識。５秒以上は保つようにする。

素引き稽古の工夫

伸縮性のあるひもを矢束より少し長く切り、矢摺籐《やずりとう》の下端と、弦の矢を番える位置（⇩P70）に結びつける。このようにして引分けると、頬付の位置がわかり、両手が下がりすぎるのを防げる。

手《て》の内《うち》の稽古

弓道において手の内を正しく整えることは、狙ったところに矢を飛ばすために非常に重要です。弓を引くとき、左手は、①弓の握りを押し開く方向の力、②内竹《うちだけ》左側を軸に、弓を上から見て反時計回りに回転させる力（角見の働き）、③正面から見たときに弓を時計回りに回転させる力（上押し）を加える必要があります。

手の内を正しく整えることで、これらの力が伝えやすくなります。正面打起しでは大三で、斜面打起しでは弓構えで手の内を整えます。ここでは**弦《つる》打《う》ち**を応用した手の内の稽古法を示します。弓の状態を確認するため、弦を少し引いて、離し、音を鳴らすことを弦打ちといいます。

弦打ちで手の内の稽古をする場合は、まず大三で完成すべき手の内をつくります。手の中で弓がすべらないように手の形を保ちながら、左腕のひじまで弦を引きます。

ひじまで引いたら、左手の角見で弓の右角を押しながら、弦を放します。

左手のひじあたりまで弦を引き、弓を角見で押しねじる力を高める。

弦を放した後も手の内の形を変えない

手の内の形を変えずに弦が90度以上返るように繰り返し稽古します。90度以上返るようになったら、できるだけ素早く返るように繰り返します。このとき、手首は外側（背屈）に折れないように注意してください。

矢がまっすぐに飛ぶ仕組み

和弓は矢を弓の右側に番えるため、無作為に矢を放つと、弦は弓の中央に戻っていき、矢は弓にぶつかりながら右に飛んでいってしまう。そのため、弓を上から見て反時計回りに押しねじる必要がある。

また、和弓は上部が長く、下部が短いため、矢を放った際に下部が先にもとに戻る。すると、矢の発射角度が上を向いてしまい、矢所が安定しない。そのため、弓の上部を的に倒すような力を加える必要がある。

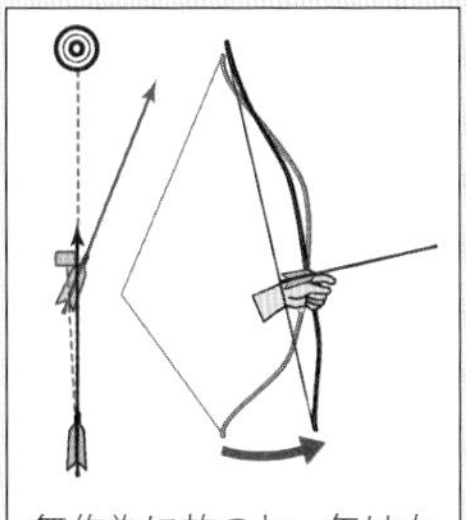

無作為に放つと、矢は右に飛び、角度も上を向く

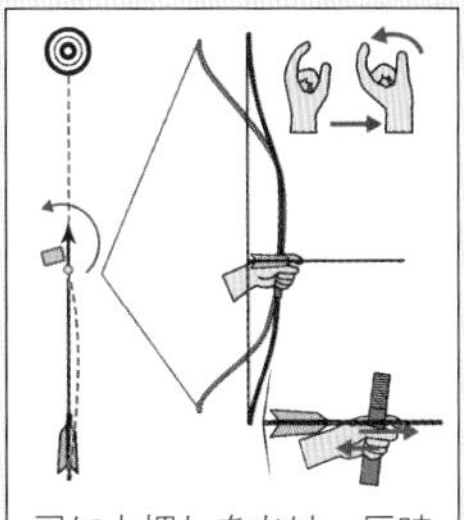

弓に上押しをかけ、反時計回りに押しねじることで矢はまっすぐに飛ぶ

弦打ちでの手の内の整え方

①親指の付け根と小指の付け根を近づける。
②手首は楽にまっすぐにする。
③弦は手首より12㎝ほど離した位置にする。
④天文筋は弓の外竹左角に当てる。
⑤小指の第一関節は弓の外竹右角に当てる。
⑥中指と薬指は小指にそろえる。
⑦親指、中指、薬指、小指それぞれをくっつけるように上下を近づけるようにする。

⚠ いったん整えた手の内は変えないようにする

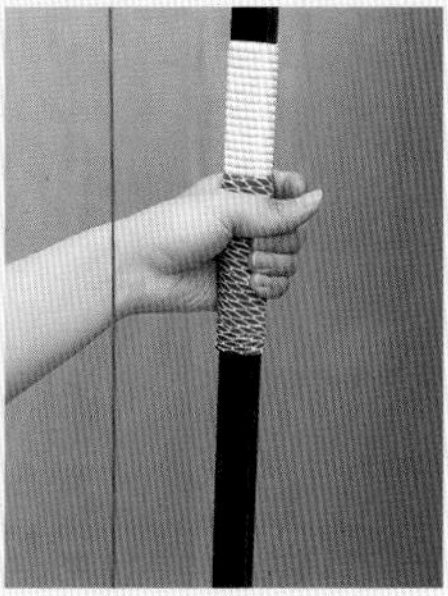

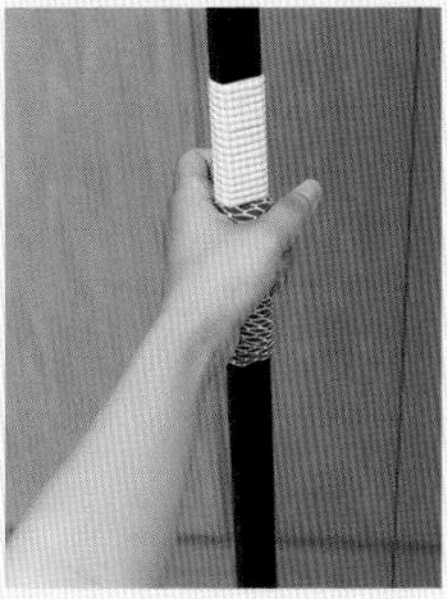

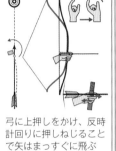

ゴム弓《ゆみ(きゅう)》稽古

ゴム弓はどこでも弓を引く感覚を得ることができる用具です。素引きとは違い、矢を放つ動作まで行えるという利点があります。

ポイント！

ゴム弓稽古では、実際に弓を引いている感覚をイメージしながら稽古しよう。ゴム弓を引く練習にならないように！

四　打起し

肩が上がらないように注意し、右手のほうがやや高くなるように打起す。

六　会

頬付〔ほおづけ〕ができるゴム弓の場合は軽く頬付をして、会での頬付の高さをチェックする。ゴムの長さが矢束くらいになるまで引き、5秒以上伸合う。

※頬付を強く当てすぎると頬を打ってしまうことがあり、繰り返すと顔をよけてしまう癖がつくため、軽く当てるか、または頬付を行わなくてもよい。

七　離れ

左右に一直線に伸合いながら、右手の親指をはじくようにして離れを行う。顔がよけないように注意。

八　残心（残身）

離れの後、残心（残身）をとり、静かに弓倒しして、物見を返す。

一　足踏み　　二　胴造り

左手でゴム弓を持ち、足踏み、胴造りを行う。

三　弓構え

右手は親指をゴムにかけ、親指を人差し指と中指で押さえて保持する。ゴム弓は大三で手の内を整えられないため、ここで大三のときの手の内をつくる（⇨P40）。右手はゴムに取懸けを行い保持する。物見を行う。

五　引分け（大三まで）

手の内はすべらせずに左へ向ける。右手は左手よりも高くなるようにする。

引分け（大三以降）

弓を押し開くように引分ける。このときも肩が上がらないように注意する。

◉さまざまなゴム弓

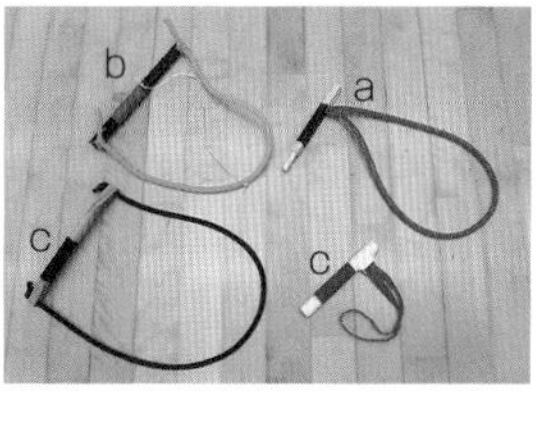

aゴムが上部で固定されているもの。上押しの力をかけながら引く。

bゴムが上下で固定されているもの。左手を押す感覚が実際の弓に近い。

c角見で押す感覚が実際の弓に近い。

矢番《やつが》え動作から的前《まとまえ》稽古《げいこ》まで

矢番え動作

素引き稽古で十分に弓を引けるようになり、弦打ちで弓が90度程度、素早く回転するようになったら、いよいよ実際に弓を引いて稽古しましょう。はじめに矢番え動作をみていきます。足踏みの後、1~3のように矢を番え、胴造りをします。

1 左手で弓を起こし、右手を弓の外側から回して、矢を左手の人差し指と中指の間に挟む。

2 右手を手前に移して指先で矢を持ち、矢を左方向へ送る。

3 弦を軽く引き、矢筈に弦をかける。

弦に対して矢が直角になる位置よりも、矢の太さ分（約8㎜）上げた位置
直角
矢を矢摺籐の下端で保持

4 弓を左ひざ頭に置いて胴造りをする。

近・中距離稽古

はじめから近的の射距離である28メートル（⇩P139）で引くことは難しく、悪癖《あくへき》につながることもあります。巻藁《まきわら》稽古や近・中距離稽古を行いましょう。

近・中距離稽古では、▼1矢道《やみち》を利用して、徐々に距離を伸ばしていくとよいでしょう。距離が伸びても、射法が乱れないように稽古を積んでいきます。的に7～8割くらい的中《てきちゅう》できるようになり、射形も基本通り行えれば、距離を伸ばしていきましょう。

ポイント！

近距離稽古では、角見の働きを理解し、矢が狙った方向にまっすぐ飛ぶようにしよう。中距離稽古からは、射形が乱れないように注意し、伸合いを強く意識して稽古しよう。

近距離稽古

まだ通常の弽《ゆがけ》は使用する必要はなく、弓道用のグローブなどを使用するか、軍手を利用した簡易弽▼2を作成して使用するとよいでしょう。的から約6メートルの位置から弓を引きます。的は、通常より高く設定しますが、安全上、高さの上限は安土の高さの中央からやや上くらいまでにします。

▼1 **矢道《やみち》**
射場から的場までの矢が飛ぶ空間（⇩P114）。

▼2 **簡易弽**
テーピング用のテープなどを軍手に巻いて作ることができる。中央は市販の弓道用グローブ、左は市販の簡易弽。

最初は、ひじくらいまで引き込み、▼角見《つのみ》を効かせます。

慣れてきたら、右手が頬につくように引き込み、まっすぐ飛ばせるように稽古します。頬《ほお》まで引けるようになったとき、狙いは仲間に確認してもらいましょう。矢がまっすぐ飛び、顔や腕を弦で払わなければ、次は2〜3メートル距離を伸ばし、射法八節通り、大きく引き込んで稽古します。伸合いで力を高め、彀《やごろ》（離れに至る瞬間）を強く意識して離します。

中距離稽古

近距離で射法八節の形通り引けるようになってきたら、2メートルずつ距離を伸ばしていきます。14メートルほどの距離で基本通り引いて的中《てきちゅう》できれば、牒を使用しはじめましょう。

その後も徐々に距離を伸ばしていき、最終的に28メートルの距離から引けるように稽古を重ねます。14メートル以降は、的中が少なくなったり、的中させようとして射形が乱れたりする可能性があります。

そのような場合の方法として、遠的用の直径1メートルの的に変えて的中を保ちながら稽古を行うと、射形も乱れず、モチベーションも保ったまま稽古ができます。

中距離稽古

▼角見《つのみ》を効かせる
左手の親指の付け根（角見）で弓の右角を押し込んで、矢が狙い通りまっすぐに飛ぶようにする。

巻藁稽古

巻《まき》藁《わら》稽古

巻藁稽古は、的中を意識する必要がないため、弓を引く基本を身につける稽古を重点的に行うことができます。次の二つのポイントを意識して稽古を行いましょう。

一　射法八節の順序に従って、形通り正しく行射する。

二　伸合いから彀（離れに至る瞬間）に達して離れる。

これらを意識して繰り返し稽古することにより、射法八節の形《かた》を身につけていきます。また、的前《まとまえ》稽古を行うようになると、巻藁稽古をウォーミングアップ程度に扱いがちですが、伸合いと彀を習得するために非常に重要な稽古です。上達後も繰り返し稽古しましょう。

1　巻藁に正対し、執弓〔とりゆみ〕の姿勢から揖〔ゆう〕をする。

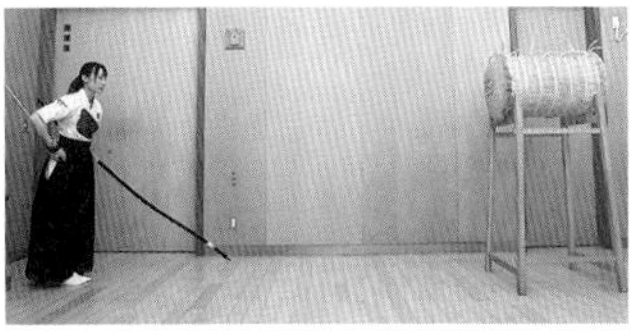

2　体の向きを正面に変え、弓の末弭〔うらはず〕を巻藁に向け、約2m間隔をあける。

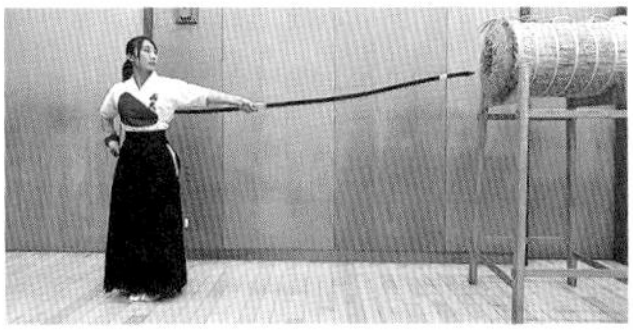

3　巻藁の中心を見定めて、中心に足先をそろえるように足踏みを行う。

4　通常の行射を行う。
会では十分に伸合うこと意識し、これ以上押し引きできない瞬間である彀で離れる。

5　弓倒しを行い、物見を戻す。

5のあと、矢を抜く際は、弓を巻藁台に立てかけ、右手で矢の根元を持ち、左手で巻藁を押さえつつ後方に注意しながら引き抜く。

的前稽古《まとまえ》

近・中距離稽古と巻藁《まきわら》稽古で射法八節を正しく行えるようになり、矢を安定して放てるようになったら、いよいよ的前での稽古を行います。距離が長くなり、的も狙わなければならないため、的中《てきちゅう》を意識して射法八節の形がくずれやすくなり、注意が必要です。初心者の的前稽古では、はじめは直径1メートルの遠的用の的を使用してもよいでしょう。

また、初心者のうちは弱い弓を使用することが多いため、矢は下に飛びやすくなります。その場合、狙いを徐々に上げて調節します。極端に狙いを上げると、危険な場合があるので、ほかの人に狙いの高さを確認してもらいながら、焦らずに少しずつ狙いを上げてください。

次のように行います。

①執弓《とりゆみ》の姿勢で的に正対し、揖《ゆう》をして射位へ進む。
②射法八節に従って行射《ぎょうしゃ》を行う。
③弓倒しを行い、物見を戻し、退場する。

はじめに執弓の姿勢で的に正対する

ポイント！

●会のときに矢が浮いてしまう場合や、狙いを安定させたまま矢を放てない場合は、必ず近・中距離稽古や巻藁稽古で直してから的前稽古に移行しよう。

●的中させることだけに意識を向けずに、正しい射法八節で稽古し、手の内・伸合い・狙いを確認して、基本を大切に稽古しよう。

的前稽古の心得！

・足踏みで正しい位置に立つ

足踏みを行う際、射位が体の中心になっていることを確認し、両親指のつま先の延長線上に的の中心があることを、ほかの人に確認してもらうとよい。的とそろえた足の角度が1度違うと、28メートル先の的場では約50センチメートルの誤差になってしまう。

・中《あた》りだけにとらわれない

射場に立って弓を引くようになると、的中させたいという気持ちが強くなる。これは自然なことだが、的中させることにとらわれすぎると、射法八節の形がくずれて自己流の癖がついてしまうことがある。基本の形を必ず守るようにしよう。

・三つの振り返り

射法八節を正しく行った上で、①狙いを正しく行えたか、②角見を効かせることができたか（弓を押しねじれていたか）、③十分に彀まで伸びえたかの三つを振り返ろう。

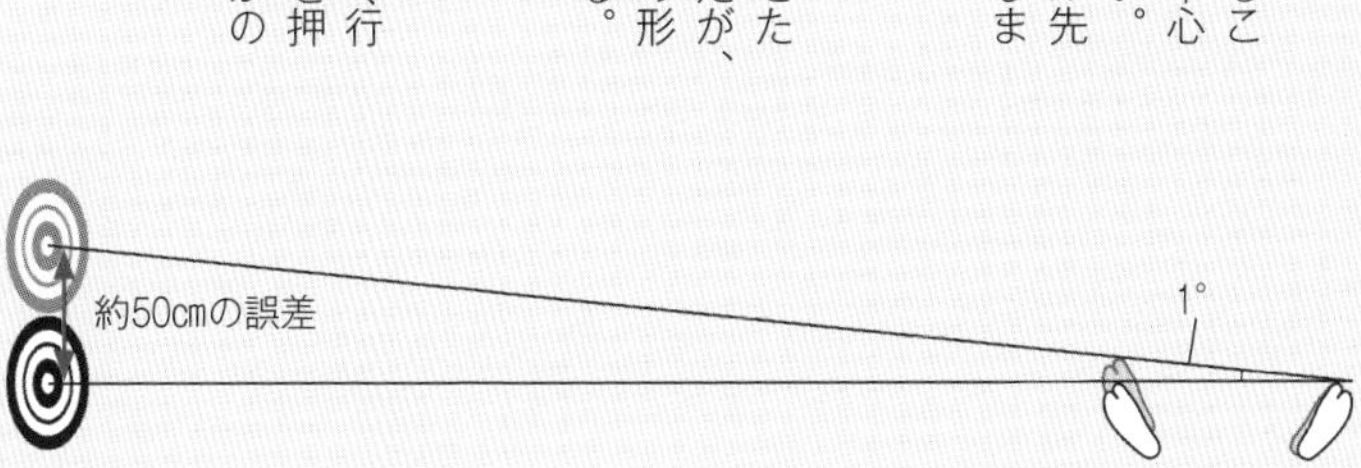

日々の稽古と稽古法の工夫

稽古の開始時は、拝礼や一礼をします。また、互いへの初めの礼や、黙想を行い、これから稽古を行うという気持ちをつくりましょう。弓道はけがの少ない武道ですが、一歩間違えれば、大きなけがや事故につながることがあります。安全に稽古できるよう心して臨みましょう。

準備運動をしよう

けがを防止し、体の動作能力を高めるために準備運動を行いましょう。弓道ではとくに上肢《じょうし》（肩・腕・手）を使います。肩回り、ひじ、手首等をほぐし、首や背中の筋肉もほぐしましょう。このときはスタティックストレッチ（静的ストレッチ）だけでなく、ダイナミックストレッチ（動的ストレッチ）や、軽く体温が上がるようなウォーミングアップを行います。

とくに肩関節が固い人は、稽古終了後にも静的ストレッチを行って、可動域を広げるようにするとよいでしょう。

スタティック
ストレッチ

スタティックストレッチ

左右のあるものは、それぞれの側を同様に行います。

1 肩

頭の上に上げたひじを、肩を意識しながら反対の手で引く。

2 背部（体側）

頭の上で手を組み、上体を横に倒して体側を伸ばす。

3 胸部

２人組になり、手からひじまでを合わせて押し合い、互いに反対方向に胸を開く。

4 肩関節

横に伸ばした腕をもう一方の腕で手前に引き、肩の後ろ側を伸ばす。

5 肩甲骨周囲

腕を前に伸ばして手を組み、ひじを軽く曲げ、肩甲骨を外に広げる。

6 手首

前に腕を伸ばした手をもう一方の手で押さえ、手前に引き寄せる。

7 首

後ろ側、左右、前側をそれぞれ伸ばす。

鎖骨を両手で押さえる

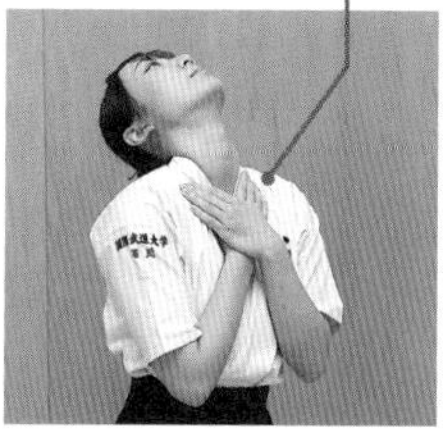

ダイナミックストレッチ

1　肩甲骨の運動（前後）

腕と一緒に肩を前後に動かす。引く際は背中をしっかり締める。

10回程度

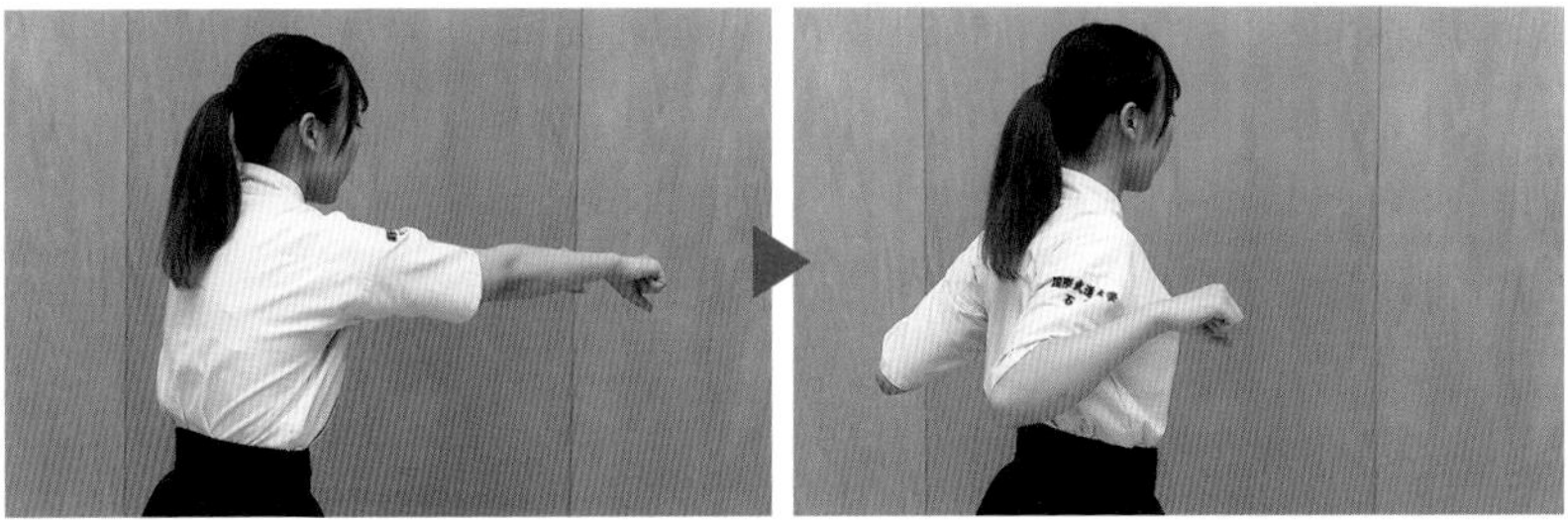

2　肩甲骨の運動（上下）

脇を締め、しっかり下まで腕を引く。

10回程度

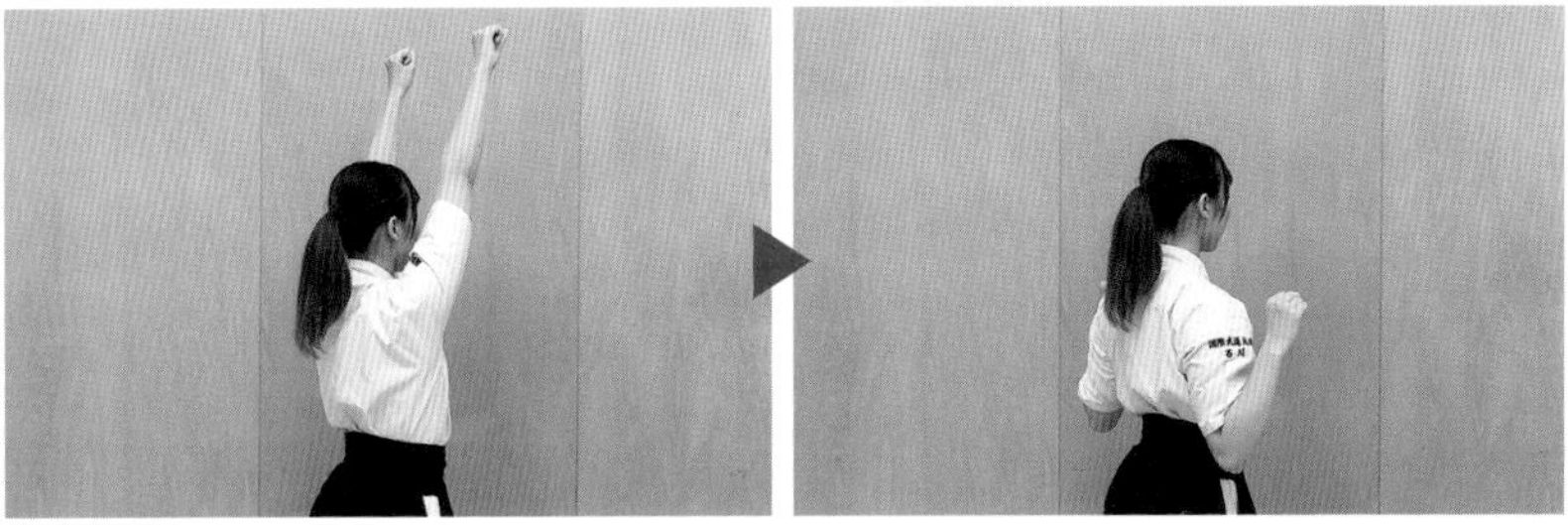

3　胸を開く運動

胸からしっかり閉じて、開く。右斜め、左斜めを交互に行う。

左右1セットで
10セット程度

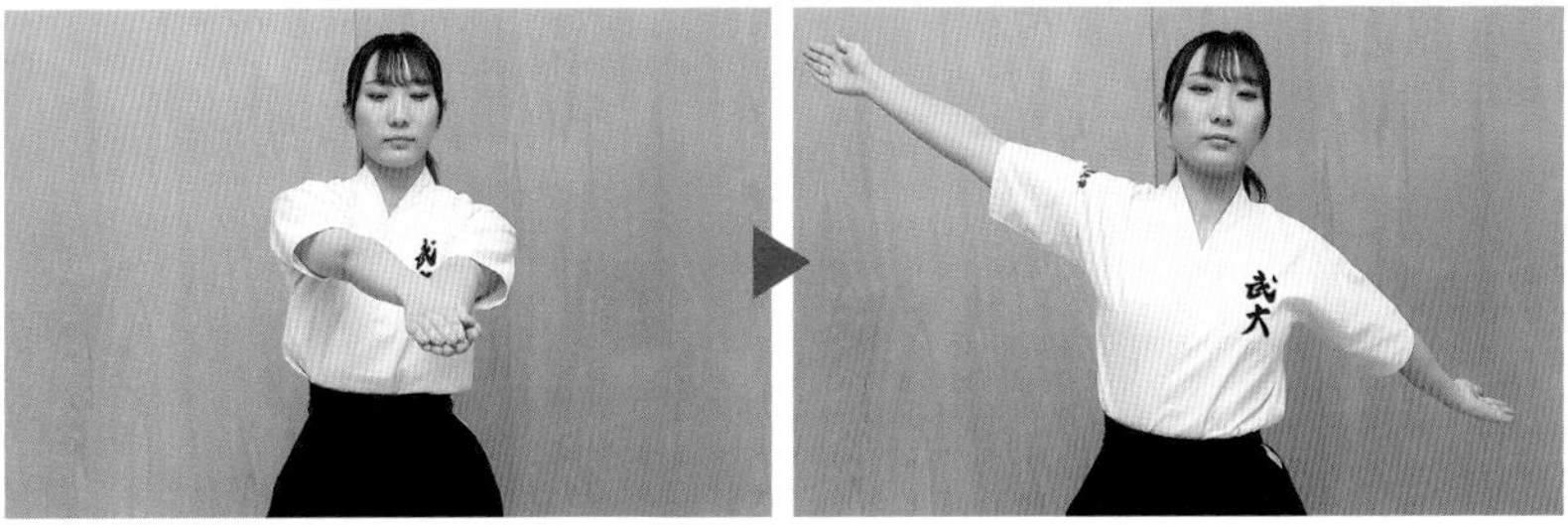

ダイナミック
ストレッチ

軽く体温を上げるためのウォーミングアップ

1 チューブ（タオル）を使って上から引く運動

胸を開いて張り、肩甲骨を寄せるようにしっかりと下まで引く。タオルを使用する場合は左右にしっかりと引きながら下に引く。

10回程度

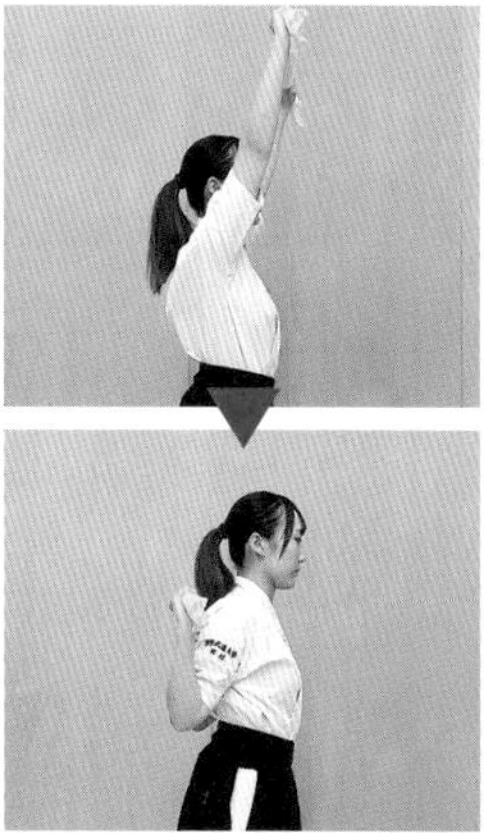

2 ペアになって前後に手を引き合う運動

互いの手を、軽く抵抗がかかるように交互に引き合う。引く際は肩甲骨を寄せることを意識する。

左右1セットで10セット程度

3 その場ダッシュ

その場で素早く足踏みダッシュを行う。

10秒程度

軽く体温を上げるためのウォーミングアップ

射込《いこ》み稽古

射込み稽古とは、複数の射手が、的前で同一の的を使用しながら弓を射る稽古です。見取《みとり》稽古・工夫稽古・数《かず》稽古の三つの稽古方法を取り入れながら行います。また、的割を組んで射込み稽古を行ってもよいでしょう（⇩P82）。

見取《みとり》稽古

見取稽古とは、ほかの射手《いて》が弓を引く姿をよく観察する稽古です。学ぶことはまねることからはじまります。指導者や上手な射手の射形や技をよく観察するだけでなく、どのような感覚でどのように動いているのかも想像しながら見取稽古を行います。

〈見取稽古のポイント〉

●上手な射手が、どのように行射《ぎょうしゃ》を行っているのかを、よく観察する。

●自分に置き換えて、取り入れられるか考える。

工夫稽古

工夫稽古とは、自身の射術を向上させるために、どのよう取り組めば改善していくのかを見つける稽古です。基本通りに引くために、どのような意識や方法で取り組めばよいか、稽古を行います。

〈工夫稽古のポイント〉

●射法八節の基本に則って弓を引けるよう改善点に取り組む。

●狙いがどこを向いているか、角見《つのみ》が効いているか（弓が押しねじれているか）、伸合いで力を高められて安定しているかに着目する。

数稽古《かずけいこ》

数稽古とは、工夫稽古で改善の方向性が定まってきたら、同じことが繰り返しできるように稽古を行う稽古です。数稽古を行う場合は、すぐに工夫稽古に戻ってしまうのではなく、一定期間は何度も繰り返し、稽古を行います。

〈数稽古のポイント〉

●基本的に工夫稽古で決定した課題に継続的に取り組む。

●稽古量が増えても雑にならないようにする。

●仲間に協力してもらって課題に取り組めているかチェックしてもらう。

前列の射手が引いたら、次の射手が射位に入り、引いた射手は後ろに並ぶ。

射込《いこ》み稽古の工夫

射込みは自由に各自稽古を行う方法が一般的ですが、射手《いて》によって稽古の質と量にばらつきが生じてしまう場合があります。そのため、的割《まとわり》稽古といって、一つの的に2～4人を割り振り、矢数《やかず》を決めて交代して射込みを行う方法があります。的割を組んで射込みを行うことで、効率的に集団が一定の時間の中で、矢数をかけることができます。

的割稽古の方法（例）

①それぞれの的に2～4人を割り振る。
②1人が1本または1手（2本）引き、次の人に交代する。
③4本引き終えた射手が矢取りに行く。

④矢取りが終わったら、待機していた射手がすぐに行射《ぎょうしゃ》を再開する。
⑤②〜④を繰り返す。
⑥決めた矢数を全員が引き終えたら終了する。

立《たち》稽古

立稽古とは、試合や審査などを想定して、射手、記録・進行、介添《かいぞ》え、的中《てきちゅう》の確認などの役割を決めて本番に近い形で行う稽古です。可能なかぎり本番に近い環境を、みんなで協力してつくることが重要です。それぞれの役割を理解し、協力して稽古に集中できる環境をつくりましょう。

●立ちについて

競技大会等に合わせて、選手の人数を確認し、立ちを組んで稽古を行いましょう（⇩140ページ）。たとえば、現在高校総体で実施されている弓道競技の場合、男女とも1チーム五人立で行われています。立ち内の位置（引く順番）は、それぞれの適性に

介添えは控えに待機し、射手を補助する。

射手の名前や的中の記録を行う。

合わせて決めるとよいでしょう。

●記録・進行

記録は、黒板やホワイトボードを使用して、射手《いて》の名前や的中を確認できるように見やすく記録し、また、後日、振り返ることができるように紙などへの記録も行うとよいでしょう。記録をつけておくことはモチベーションの向上にも役立ちます。

進行は、入場の指示、矢取りの指示などを行います。また、的が倒れるなどのトラブルが生じて進行を止めなければならない場合は、責任をもって行射《ぎょうしゃ》をいったん止め、トラブルが解消した後に安全を確認し、再開する指示を出します。

●介添《かいぞ》え

射手の弦が切れたときなどのために、すぐに対応できるように控えに待機しておきましょう。

矢取《やと》り

放った矢を回収することを矢取りといいます。安全に十分配慮して行います。

〈矢取りの手順〉

①射場にいる人が、誰も弓を引いていないことを確認して合図を出す（「お願いします」と声をかけるなど）。

②合図を受けて、矢取りをする人は的場に入る合図を行い（手を叩く、「入ります」と声をかけるなど）、入場する。

②

③射場から見て的の左側に立ち、矢を抜く的の方向を向く。自分の右側に人がいないことを確認して（人がいると矢で突いてしまう危険性がある）、的を左手で押さえながら、右手で矢を抜く。

③

④的場から出たら、的場に誰もいないことを確認し、射場に合図を出す（「どうぞ」など）。矢拭きタオルで矢についた土をきれいに拭く。

④

互いをチェックしよう

弓道は、相手と相対するのではなく、的に対して弓を引くという特性から、一人で稽古《けいこ》することも可能です。しかし、自分自身の変化などを客観的にとらえることは難しいため、一人での稽古は簡単ではありません。指導者や仲間のアドバイスをもらいながら、協力して稽古することが上達へつながります。指導されたポイントを仲間同士で繰り返しチェックしましょう。

チェックするポイント

●形のチェック

形として射法八節の基本に則っているかをチェックする。たとえば、打起しで肩が上がっていないか、大三で矢先が上を向いていないかなどを確認し、基本通りになるよう修正する。

●働きのチェック

行射《ぎょうしゃ》の際の射手《いて》の技の働きをチェックする。たとえば、離れの際に矢束《やづか》が小さくなりつつ離れてしまった場合、その原因を探って修正する。

●結果のチェック

矢所《やどころ》（矢の着点）をチェックする。たとえば、矢所が的の右に集まっていたら、角見《つのみ》が効いていないなどの可能性があるため、原因となる点を探って修正する。

動画を活用しよう

スマートフォンやタブレットの普及により、手軽に高画質の動画を撮影し、見返すことができるようになりました。日常的に動画を利用することは、客観的に自身の射形を振り返り、改善している点や修正しなければならない点を見つけるために非常に有効です。一方で、実際に目で見たときと、動画を見たときとでは違いがあることも理解しておきましょう。

ここでは、動画を有効に活用するためのポイントを解説します。

撮影のポイントと工夫

●撮影する機材と射手の位置を固定する

日々の行射を記録する場合、カメラの位置と射手の位置がいつも同じになるよう固定しておくと、変化を見比べやすい。射手の正面から撮影する場合、カメラの高さは「会」の矢の高さに合わせるとよい。

●客観的に評価するための工夫を加える

・いつも同じ矢束《やづか》（引き込む矢の長さ）で引けているかを確かめたいときは、矢の矢束の位置に修正液などで印をつける。印をつけた矢を繰り返し引いてみると、印を見て矢束が一定かどうかを客観的に確認しやすくなる。

・黒板を射手《いて》の後ろに置き、基準となる補助線を引いておくと体のずれをチェックすることができる。

こうした工夫を重ねることで、動画を活用した評価を効果的に行えるようになります。

普段と違う環境で稽古しよう

本来、弓道は的と射手の関係は、どこでもいつでも変わらないため、自分の弓を引ければ結果も変わりません。しかし、実際には試合で場所が変わると緊張して、いつものようにはいかないものです。そこで、練習試合や外の道場で稽古する機会があれば積極的に参加し、人前やホーム道場以外で引くことに慣れることも大切です。

練習試合を行う

公式戦以外で他校弓道部などと行う練習試合は、十分に準備して臨みましょう。また、練習試合は参加者の協力の有無によって試合の質が大きく変わります。協力して緊張感のある良い雰囲気をつくりましょう。高校生までは、指導者が計画してくれる場合が多いですが、選手自

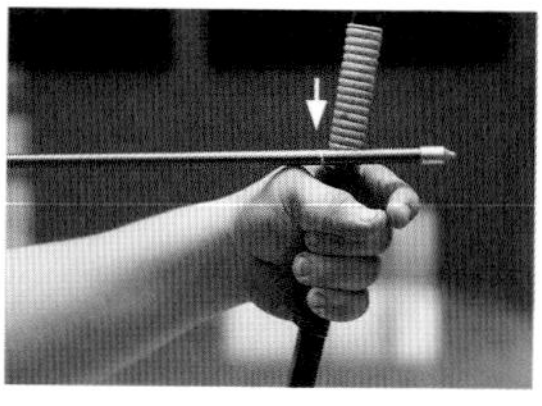

矢束の位置に修正液で印をつける。
※弓道競技規則においては、矢に引込位置などを示す目印をつけることが禁止されている。そのため、試合に出場する場合は、練習でつけた目印は消しておこう。

身も練習試合での動きを確認しておくとよいでしょう。

〈練習試合を行う際のポイント〉

・試合前日に、試合の際の行動について話し合い計画を練っておく。
・弓具の不備がないように前日までに準備を行う。
・試合相手の弓道場を利用する場合、各道場には異なるルールがあることが多いため、主将同士などで確認しておく。
・試合の形式については全員で把握しておき、目標を明確にしておく。
・準備運動、食事、待ち時間の過ごし方などは、可能な限り実際の試合を想定して行う。
・試合中は対戦相手の様子を見て見取稽古を行う。

公共の道場などを利用する

公共の道場を利用する場合、それぞれの利用者が、互いのペースを尊重しながら、皆が気持ちよく稽古できるようにしましょう。大人数で公共の道場を使用する場合は、事前に連絡をしておくほうがよいでしょう。

また、各道場によってマナーやルールなどが決まっています。知らずにマナー違反をしてしまうことのないよう、稽古をはじめる前に矢取りの方法や弓具を置く位置などを、管理者などに確認しておくようにしましょう。

試合で勝つという目的を達成するために目標を立てよう

弓道の稽古の目的の一つに「試合で勝つ」ということがあると思います。目的を達成するためには、目標を設定することが大切です。

このとき重要なのは、目標にもステップがあることを意識することです。たとえば、まだ5割も的中できない射手が、いきなり直近の目標を「9～10割的中できるようになる」というのは適切な目標設定とはいえません。目標も小目標、中目標、大目標など、期間やレベルを分けて考えましょう。そのために、どの試合に向けて、いつまでに、どのように、何ができるようになるのかなど、しっかりと考えて具体的な計画を立てましょう。

試合に向けた目標を立てる際のポイント

たとえば、「県大会で優勝したい」と考えた場合、過去の優勝チームはどれぐらいの的中《てきちゅう》数で優勝したのか確かめ、いつまでに、どれくらいの割合で、その的中を出せるようにしたいかを明確にします。すると、それまでにどのようなことに取り組むか、逆算して考えることができます。

（例）高校弓道部の県大会で優勝したい

まず、以下のような問いを具体的に考えてまとめる。

・過去優勝校の的中はどれくらいか？
・現在の自分たちの的中はどれくらいか？
・試合までの期間は？　その期間にどのくらいの稽古ができるか？
・いつまでに、どの程度の的中を出せれば目標を達成できるか？　など

以上を踏まえて、小目標・中目標・大目標を考え、小目標から大目標に進むにつれて難易度が上がっていくように設定しましょう。

たとえば、「〇月までに△割チームで的中できるようになる。そのために～をする」などの目標を複数設定しましょう。目標の数は、目的達成までの期間や難易度で調整します。期間が長い場合、スモールステップでたくさんの目標設定をすることで、モチベーションを保ったまま稽古することができます。設定した目標は随時見直しながら、目的達成のための適切な目標を設定するようにしましょう。

「各段階に応じた目標」「目標達成のための手段」を具体的に設定し、「目標の達成度」「目標達成のために具体的に行動したこと」を振り返りながら、稽古していくことが大切です。

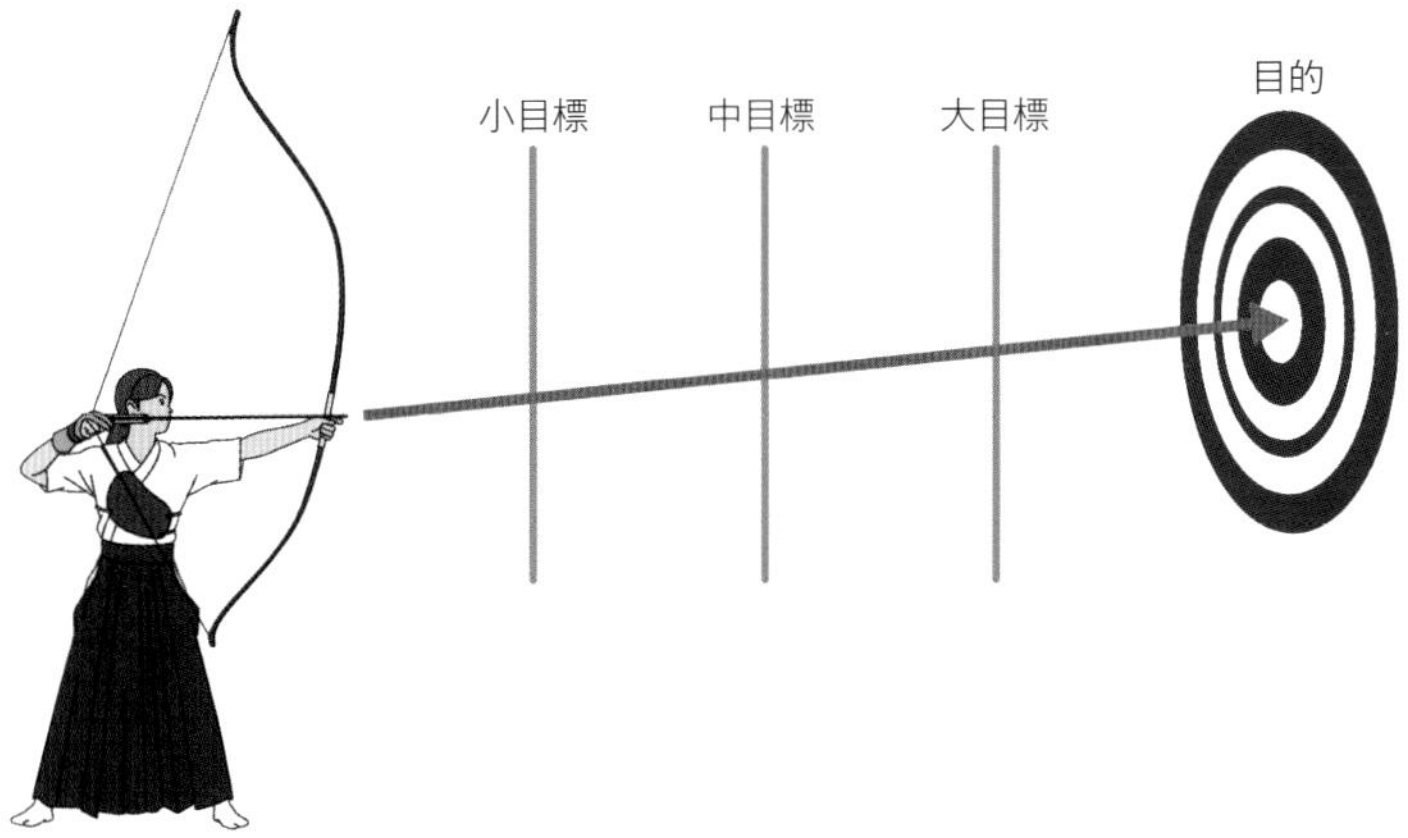

弓道における筋力トレーニング

弓道の場合、基本的には特別な筋力トレーニングはあまり必要ありません。素引きを繰り返し行ったり、巻藁《まきわら》稽古・的前《まとまえ》稽古をたくさん行ったりすることで、弓を引くために必要な筋力がついてきます。一方で、他の競技と同じように、基礎的な筋力が高いことが有利に働くのは間違いありません。弓を引く筋力がなかなかつかないという場合は、補強的に筋力トレーニングを取り入れましょう。

筋力向上に効果的な素引き

筋力を向上させるには、筋肉をしっかりと追い込む必要があります。

素引きを活用して引く筋力を向上させる場合は、まず普通に素引きを行い、会で十分に伸合った後、そのまま一度、大三まで（斜面打起し法の場合は打起しまで）引き戻し、再び会まで引分けます。これを「もうこれ以上は引けない」という回数（たとえば8～10回）行い、少し休憩を挟んで続けて3セット行います。週3回程度行いましょう。この方法で弓を引く筋力は十分に向上するはずです。ただし、的前での稽古を行っている人は、的前稽古もしっかりと行いましょう。

背中をしっかり使って引くためのトレーニング

8 ～ 15回を3セット

タオルを２枚準備し、２人組みになって向かい合う。両肩を下げ、前後に動かないように注意しながらタオルを引き合う（互いの右手左手同士をつないでもよい）。

弓を押し引きするためのトレーニング

ゆっくり12 ～ 15回、速く5回を3セット

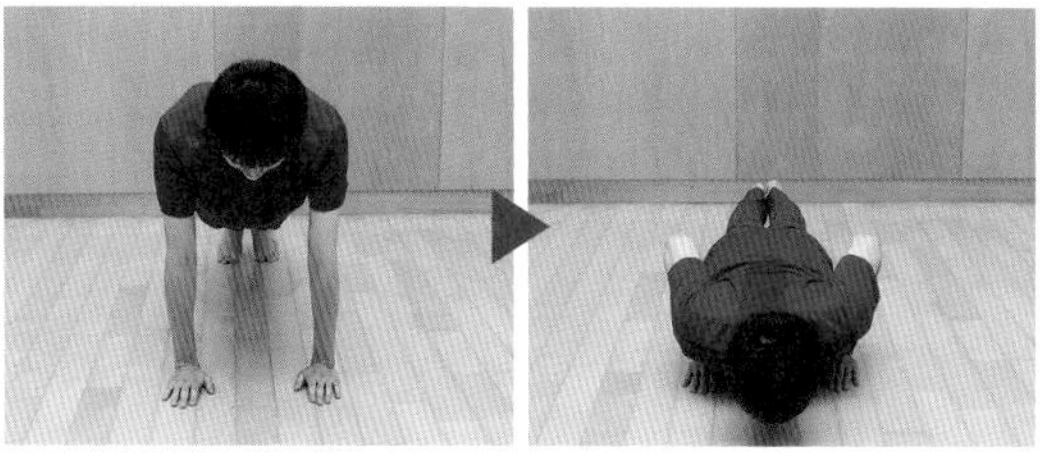

腕を肩幅よりやや狭くして床につき、腕立て伏せを行う。胸がしっかりと床につくようにし、難しいときはひざをついて行ってもよい。

弓を押しねじるためのトレーニング

8 ～ 15回を3セット

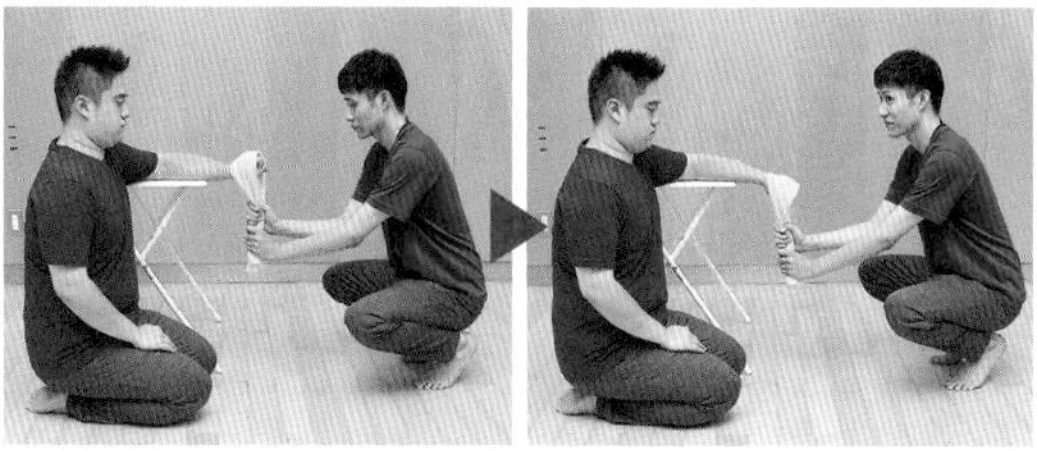

左腕を机の上に置く。手のひらを下向きにして、手首から先が机から出るようにする。タオルを手の甲に掛け、下に引っ張りながら、ゆっくり手首を背屈させる。そのままタオルを下に引っ張りながら、ゆっくり戻す。

手の内の形を保つためのトレーニング

8 ～ 10回を3セット

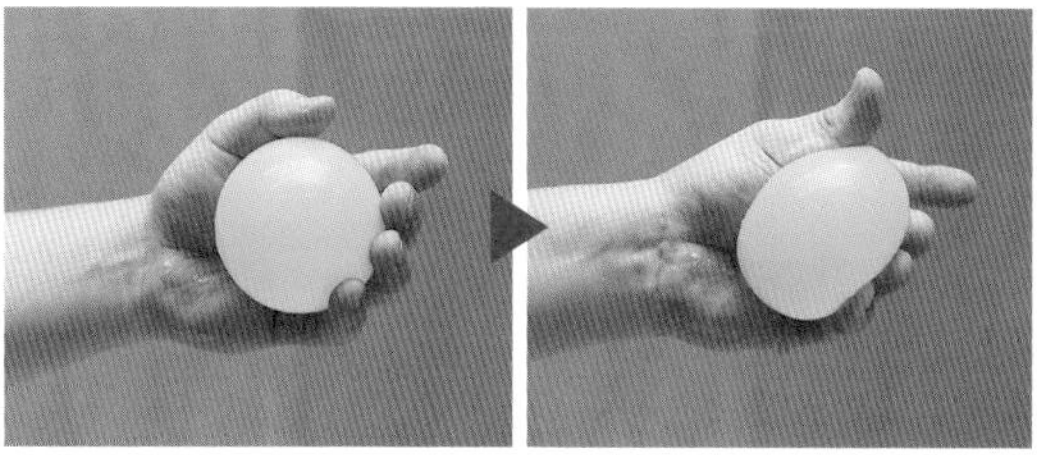

ゴムボールを片手で持ち、親指の付け根と小指の付け根をつけるようにボールをつぶして握り、10秒ほど維持する。

発展的な稽古

弓道の稽古は、ある程度上達してくると、巻藁稽古と的前稽古を日々行うことになります。しかし、日々同じ稽古の繰り返しでは、上達できないと感じてしまうこともあるかもしれません。またいつの間にか小さな癖が大きくなり、うまく引けなくなるということもあります。うまく引けずに中りも少なくなってしまうと稽古に集中することは難しいです。そうした場合は、負担軽減法を用いた稽古法を試してみましょう。

負担軽減法とは、普段の稽古を実施している環境や使用する弓具を、射手にとって少し負担の少ないものにし、自身の課題に集中できるようにする稽古法です。たとえば、「巻藁ではうまく引けるけれど的前ではうまく引けない」という場合、的前で大きな的（遠的の的や段ボール）を使用して、小さいものを狙うという心理的負担を軽減します。このときの的の大きさは、頑張れば巻藁通りに弓を引けるくらいの大きさがよいでしょう。

また、基本の形通りに弓が引けない場合、弱い弓を使用して、弓を引く際に必要な力という体力的負担を軽減し、稽古をしてもよいでしょう。矢が的の右ばかりに飛ぶ場合には、より重い矢を使用してもよいですし、離れがうまくいかない場合には、一時的に柔《やわらか》帽子《ぼうし》（弽の帽子などの硬い部分が柔らかい弽）などの弽を使用してもよいでしょう。

このように、的、弓、矢、弽、射距離などを射手にとって負担の少ないものにして、「頑張れば課題を達成できる」という環境をつくることで、モチベーションを保ち、稽古に集中することができるようになります。

第四章　弓具・施設の準備と扱い方

弓具の準備

弓道で用いる用具のことを弓具《きゅうぐ》といいます。稽古《けいこ》内容に応じて、適宜必要な弓具を準備していきましょう。

弓具は、弓具店で購入します。近隣に弓具店がない場合は、弓具店のネットショップで購入できます。また、学校弓道部等で、まとまった人数が一斉に購入するのであれば、出張販売を行ってくれる弓具店もあります。▼全日本弓道具協会のホームページなどを参考にして、周辺地域の弓具店に問い合わせてみましょう。

弓具の名称		購入時期の目安
弓		引く弓の強さが安定したら
付属品	弓巻《ゆまき》、弓袋《ゆぶくろ》、石突《いしづき》	弓と同時に購入
付属品	握革《にぎりかわ》	握革を交換する必要が生じたら
弦		弓道部・弓道会から提供されなくなったら
付属品	麻緒《あさお》（仕掛麻《しかけあさ》）	新しい弦を購入時（弦を購入すると通常は付属）
付属品	道宝《どうほう》	新しい弦を購入時

▼全日本弓道具協会ホームページ
https://kyudogu.jp/

	くすね・木工用接着剤	新しい弦を購入時
	麻《ま》ぐすね（わらじ）	必要が生じたら
	弦巻《つるまき》・吊り革	新しい弦を購入時
矢		的前稽古を中心に稽古を行うようになったら
付属品	筈《はず》・矢尻《やじり》（板付《いたつき》）	矢と同時に購入
	矢筒《やづつ》	矢と同時に購入
弽《ゆがけ》		的前稽古がはじまる前後までの、できるだけ早い時期
付属品	下掛《したが》け	弽を使うようになったら
	弽袋《ゆがけぶくろ》	弽と同時に購入
その他	筆粉《ふでこ》・ギリ粉《こ》	必要が生じたら
	的中定規	新しい弦に交換時
	ゴム弓	ゴム弓稽古がはじまったら
弓道着	弓道衣	試合・審査へ行くまでに（弓道部・弓道会によっては、通常の稽古時も弓道着あるいは足袋のみの着用を求められる場合もある）
	袴《はかま》	
	帯《おび》	
	足袋《たび》・雪駄《せった》	

※弓道部・弓道会で、初心者は弓・矢・弽を貸してもらえる前提で作成しています。稽古の状況によって異なりますので、必ず指導者に相談しましょう。

弓

弓は、竹弓、グラス弓、グラスカーボン弓などに分類することができます。一般的に、グラス弓、グラスカーボン弓のほうが竹弓に比べて安価で、形状が安定して取り扱いが容易であることから、中高生や大学生、一般の初級から中級までの弓道家に多く使用されています。

弓の長さは、２２１センチメートル（七尺三寸）を標準とし、引く矢の長さ（矢束《やづか》）に応じて若干の長短があります。矢束の長い射手《いて》が短い弓を引くと、弓が破損したり、弦が外れたりする危険がありますので注意してください。

弓の強さ（弓力《きゅうりき》）は、射手の習練度合いによって変えられます。弓具店では、並弓《なみゆみ》は85センチメートル、伸弓《のびゆみ》では90センチメートル引っ張ったときのキロ数を表示しています。初心者は、8～10キロからはじめ、慣れてくるにつれて１～２キロずつ上げていきましょう。

弓には、籐《とう》が必ず3か所以上巻かれています。その中で、握り部の上にある籐（矢摺籐《やずりとう》）は、発射時に矢が弓にあたって、弓がすり減ることを防ぐ役割があります。また、試合に出場する場合、競技規則によって、6センチメートル以上の長さ、作為的な目印がないことが定められています。正しく巻かれているか、必ず確認しましょう。

弓の名称・長さと矢束の目安

弓の名称	弓の長さ	矢束の目安
三寸詰〔さんすんづまり〕（寸詰弓〔すんづまりきゅう〕）	212cm（七尺）	約80cm以下
並弓〔なみゆみ〕	221cm（七尺三寸）	約85cm以内
二寸伸弓〔にすんのびゆみ〕（伸弓）	227cm（七尺五寸）	約90cm以内
四寸伸弓〔よんすんのびゆみ〕	233cm（七尺七寸）	約100cm以内

※左はあくまで基準です。矢束の目安以上引くと、必ず弓が破損するというわけではありません。自己の矢束と体格を考慮して、弓具店と相談しながら選択してください。

弓　各部の名称

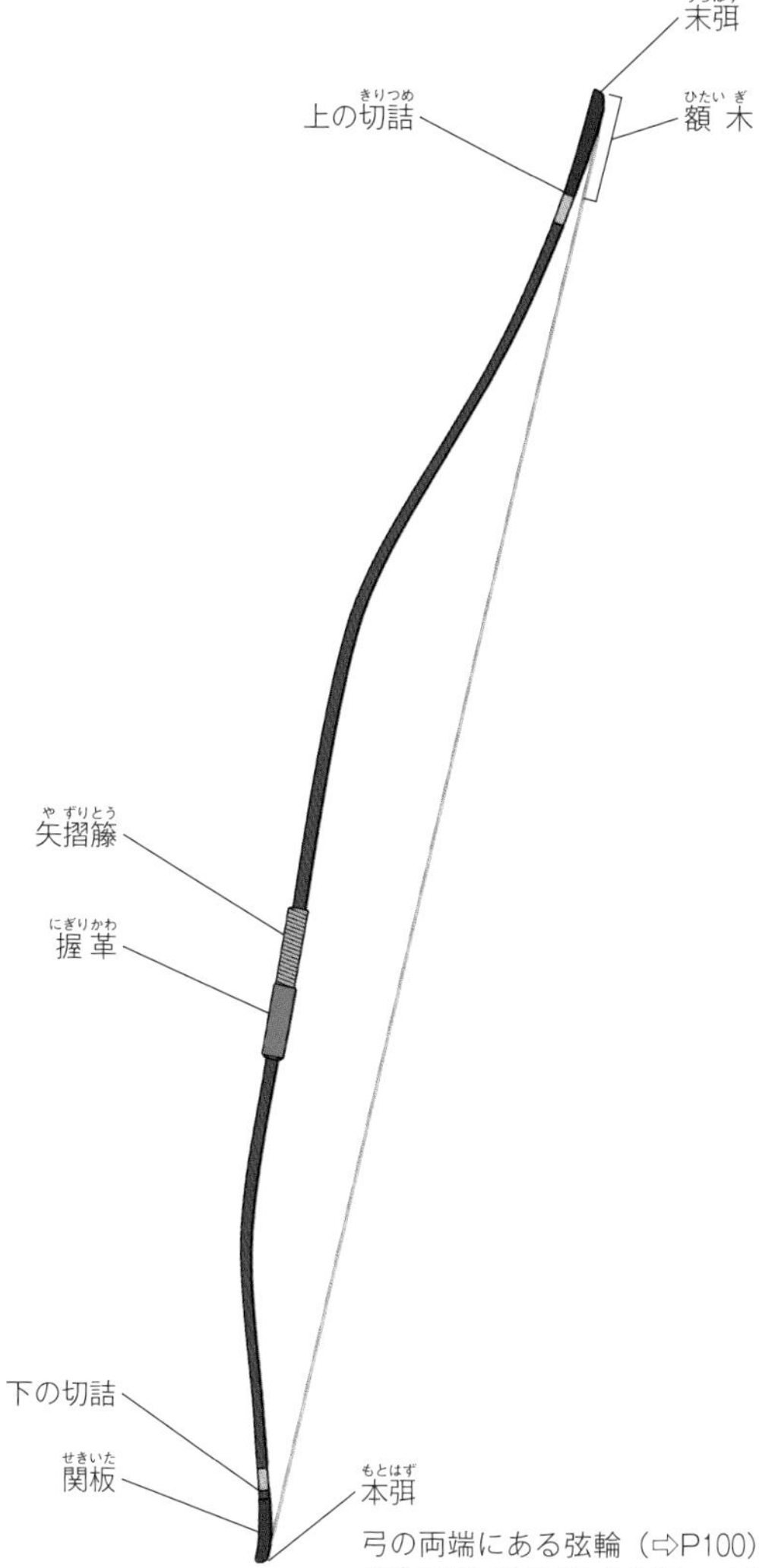

弓の両端にある弦輪（⇨P100）をかける部分を弓弭〔ゆはず〕といい、上になるほうを末弭、下になるほうを本弭と呼ぶ。

弦《つる》

弦は、麻などの植物繊維を束ねて、撚《よ》って作られます。現在は、麻の代わりに合成繊維が広く用いられています。弦には、太さを示す号数が記載されており、強い弓ほど太くて重い弦（号数が大きいもの）を使用します。弦の銘柄《めいがら》によって、同じ号数でも太さが異なるので、さまざまな弦を試して自分に合った弦を選びましょう。市販の弦は下輪《しもわ》が完成されており、上輪《かみわ》を自分で作り、弦の長さを調整します。

弦輪《つるわ》の作り方（二重結び）

1 弦の先端が上側にくるように交差させて輪を作る。

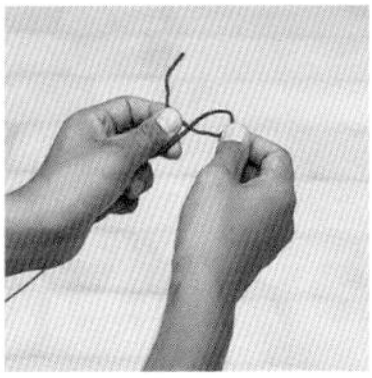

2 交差させたところがずれないように注意して、弦の先端を輪に通す。

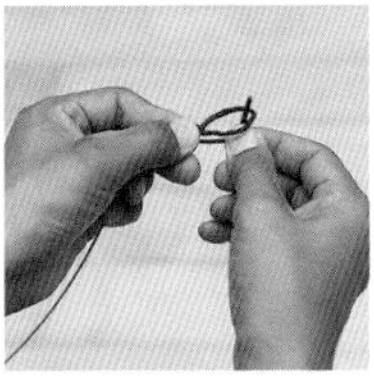

3 輪に通した弦の先端を引っ張り、結び目をしっかりからめてから、弦の先端を左下に向ける。

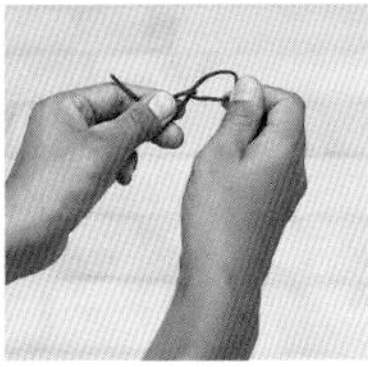

4 弦の先端をもう一度輪に通してしっかり締める。

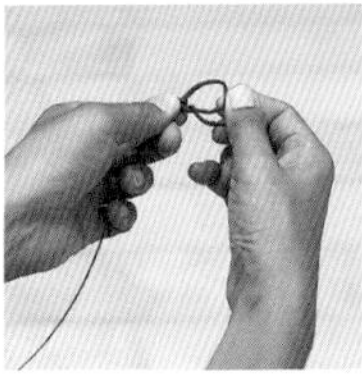

5 さらに2、3回、輪の右側にからめながら引っ張って締めて完成。

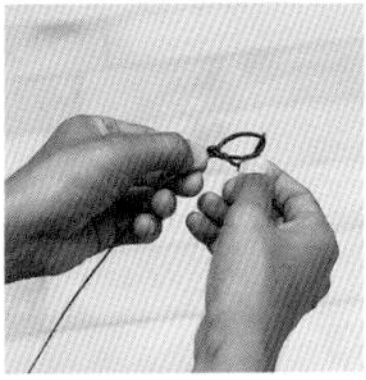

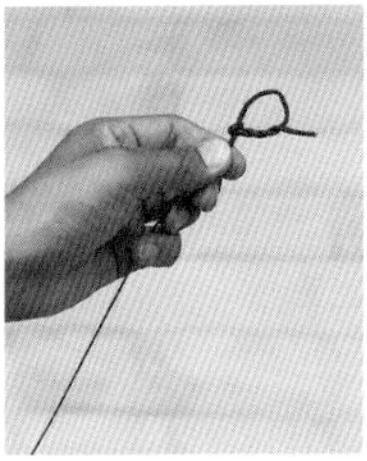

しっかりと締め、使用する弓の弓弭〔ゆはず〕に合わせて作りましょう。大きすぎると弦は伸びやすく、小さすぎると弦輪が切れやすくなり、弓弭を傷める原因になります。

弓の張り方

弓と弦が準備できたら、弓を張りましょう。弦を張ったら、中《なか》仕《じ》掛《か》けを作ります（⇩P110）。

※左はグラス弓、グラスカーボン弓の張り方です。竹弓を張る場合は、指導者や弓具店からアドバイスをもらいましょう。

1　弓張り板に末弭〔うらはず〕を入れ、左手で握りを、右手で本弭を持つ。

2　弦の下輪を右手に持ち、本弭を床から30㎝程度のところまで下げ、腰をかがめる。

3　左手はまっすぐ突っ張ったまま維持し、本弭を持ち上げるようにして、左の腿に下の切詰あたりをのせる。

4　右手に持っている弦を本弭にかける。

5　弓のたわみを静かに戻す。

矢

矢は、篦《の》（シャフト）の素材によって、竹矢、アルミ矢（ジュラルミン矢）、カーボン矢などがあります。同じ素材であっても、シャフトサイズ、篦張《のば》り（シャフトの硬さ）に違いがあります。矢の太さや硬さは、弓力に応じて選び、強い弓には太くて硬い矢を、弱い弓には細くて柔らかい矢を選びます。羽根には、鷲《わし》、鷹《たか》といった猛禽類《もうきんるい》の羽根のほか、雉《きじ》、白鳥《はくちょう》、七面鳥《しちめんちょう》などの羽根が用いられています。

初めて近的矢を購入する場合、価格と扱いやすさを考えればアルミ矢がおすすめです。羽根は、比較的安価である七面鳥か黒鷲《くろわし》が選ばれることが多いです。シャフト、筈《はず》、矧《はぎ》の色は選べます。矢には、羽根をおさえるために2か所、筈の近くに1か所、合計3か所に糸が巻いてあります。筈側から、筈巻《はずまき》、末矧《うらはぎ》、本矧《もとはぎ》といいます。矢の長さ（矢尺《やじゃく》）は、実際に引く矢の長さ（矢束《やづか》）よりも5～6センチメートル長めにしましょう。初心者は、10センチメートル以上あると安心です。

矢には、羽根の向きによって、右回転で飛ぶ甲矢《はや》、左回転で飛ぶ乙矢《おとや》があります。多くの試合では4本引くので、最低でも4本の矢を購入しましょう。弓具店では、甲矢・乙矢3本ずつ、計6本で販売されていることが多いです。

矢　各部の名称

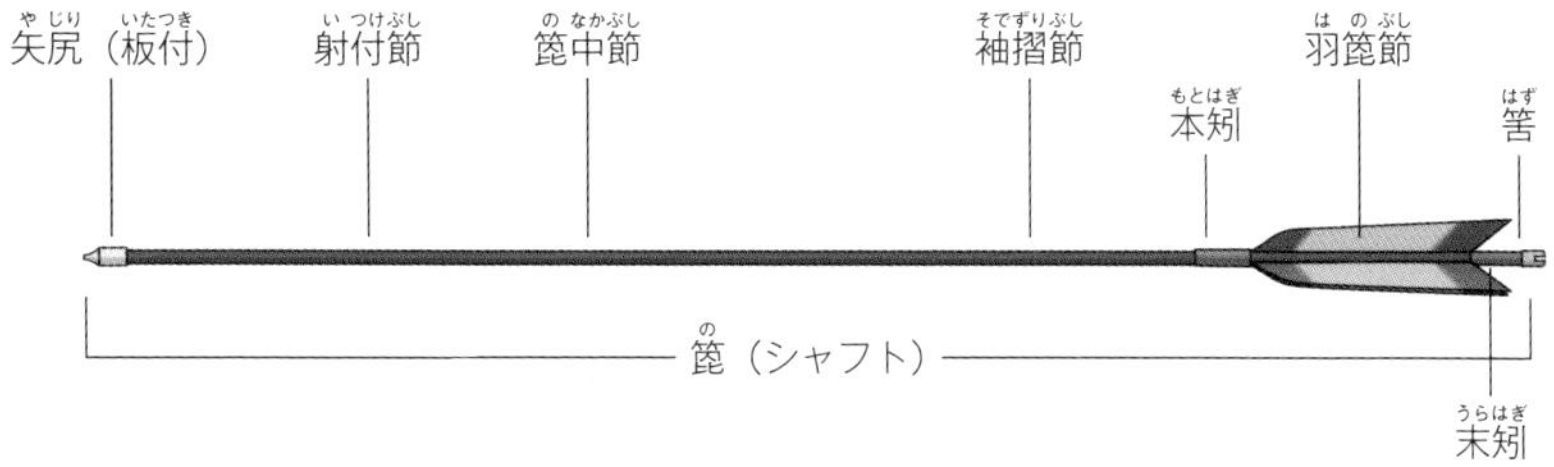

甲矢《はや》・乙矢《おとや》の見分け方

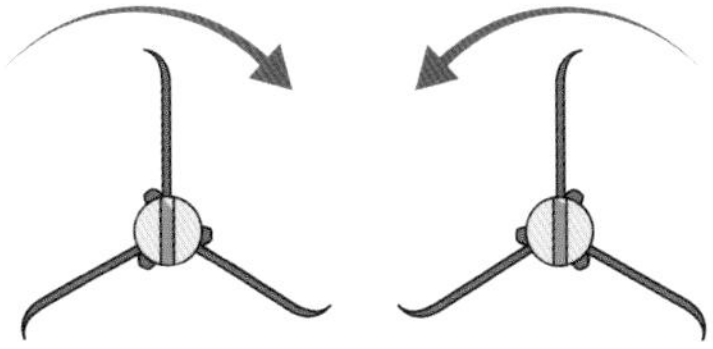

甲矢　右回転で飛ぶ。乙矢　左回転で飛ぶ。

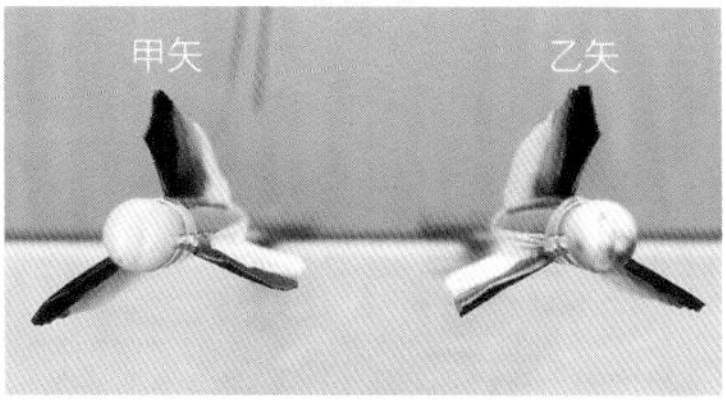

矢の種類

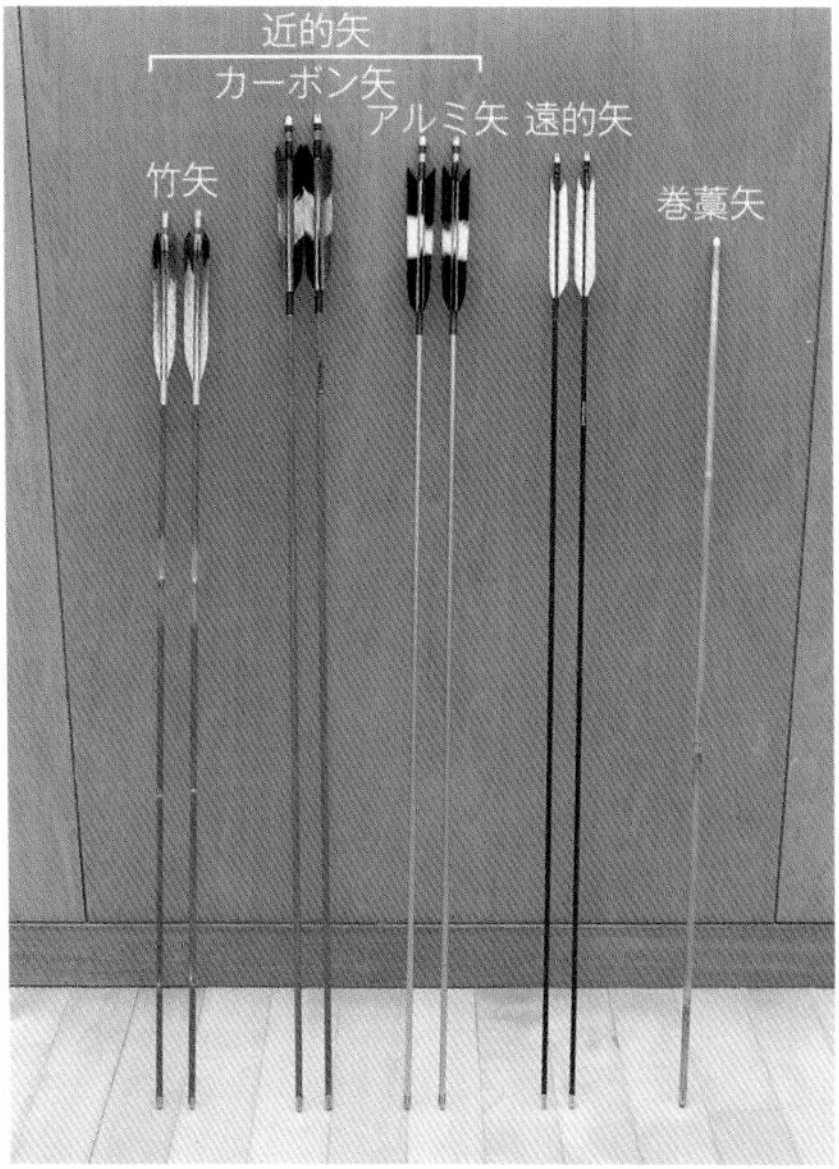

矢尻の形状

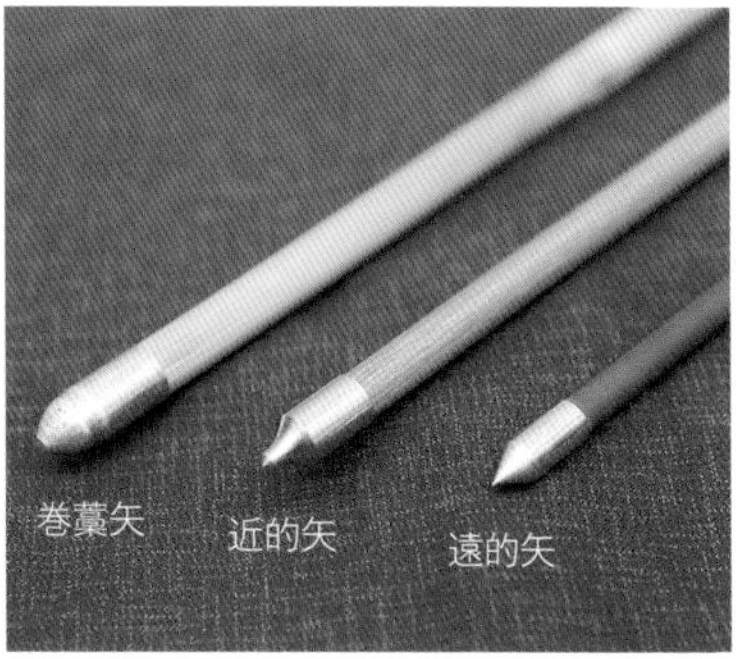

巻藁矢と遠的矢は、近的矢とは矢尻と羽根の形状・有無が異なります。巻藁矢は、椎実形〔しいのみがた〕の矢尻で、羽根は必要ありません。遠的矢は、円錐形の矢尻で、空気抵抗を軽減するために近的矢と比べて小さな羽根となっています。

弽《ゆがけ》

弽は、鹿革で作られており、三《み》つ弽《がけ》、四《よ》つ弽《がけ》、諸弽《もろがけ》などの種類があります。初心者は、三つ弽を使用することが大半です。弽は、最も慣れるのに時間がかかり、射に影響を及ぼします。

弽の購入は、弓具店へ行き、直接手にはめながら、指導者の助言のもとで購入することが理想です。もし、近隣に弓具店がない場合は、右手の形を紙に写したものを送付し、通信販売で購入します。すべての指がぴったりとはまる、自己の手に合ったものを選びましょう。悩んだときは、親指のサイズを重視して選んでください。

弽をつける（指す）際は、必ず汗などを吸収するための下掛《したが》けをつけます。新しい弽を使う際は、紐をゆるめにかけて徐々に使い込むことが大切です。

また、糊で張りつけている箇所があるので、水気は禁物です。弽《ゆがけ》袋《ぶくろ》に入れる際は、シリカゲルなどの乾燥剤を一緒に入れるなどして除湿しましょう。

弽《ゆがけ》　各部の名称

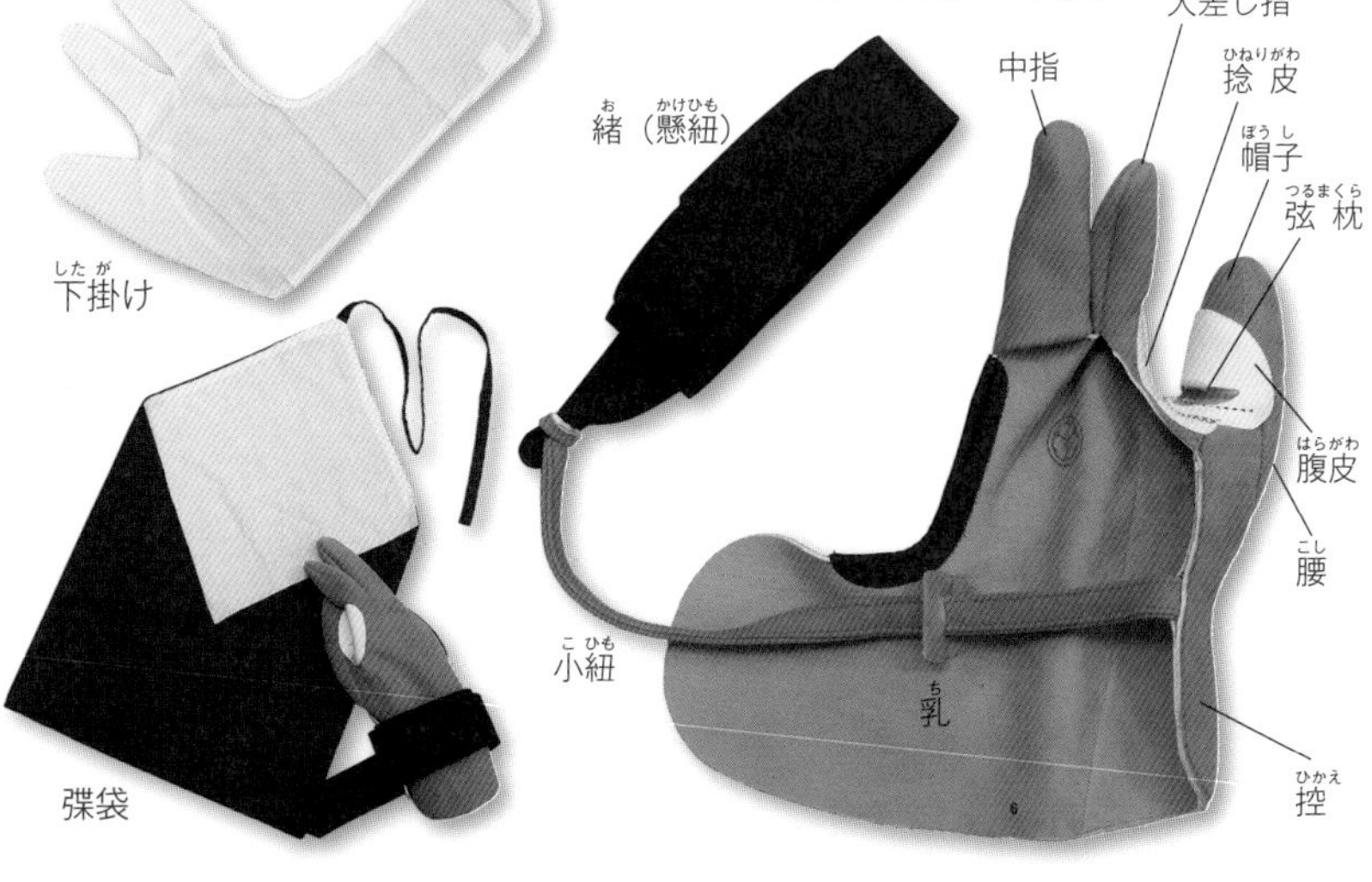

三つ弽の指し方

弽は座って指すのがマナーです。

1 右手に下掛けを指す。親指、人差し指、中指を入れ、手首の余った布は巻きつける。

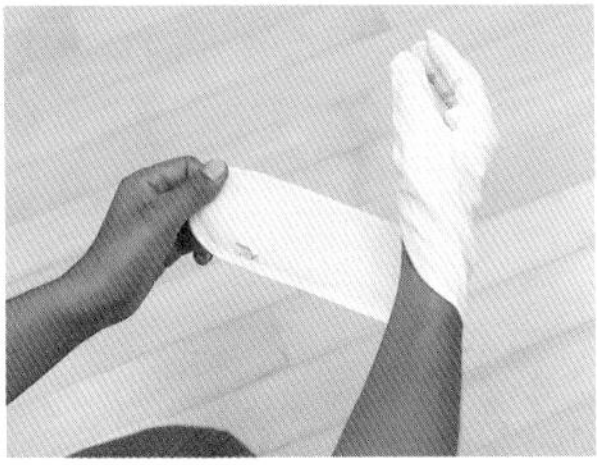

2 下掛けの上から弽を指す。小紐は手首の内側にくるようにする。３本の指を指し入れたら、人差し指と中指を親指の上にのせ、取懸けの形にして小紐を左方向へ軽く引っ張る。

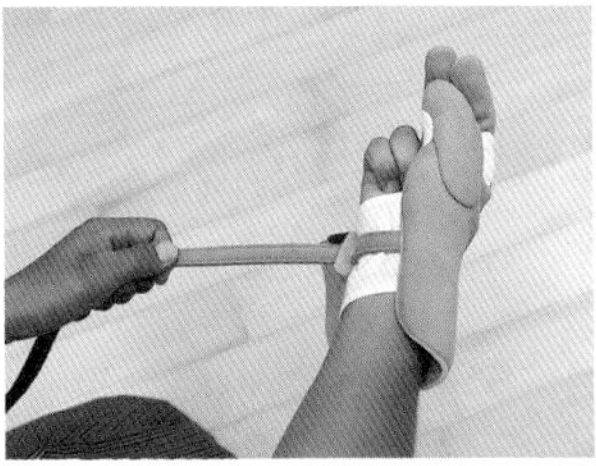

3 小紐と緒を、手首の上に重ねるように巻きつける。手首が自由に動くように、ゆるく締めること。

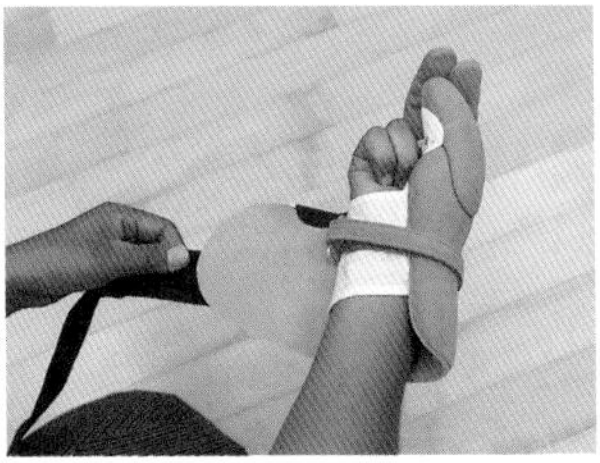

4 2、3回巻いたら、手首の内側にきた緒の末端を、巻いてある緒の下に入れて通す。緒の締め具合を調整し、重なりを調整する。

5 下に引き出した緒を上に持ち上げ、再び上から下に向かって巻いている緒の下に入れて通す。この際に、緒の末端は上側に残す。下に通した緒の部分を引き下げて、適度に締める。締め具合と、巻き止めの形をきれいに整えて完成。

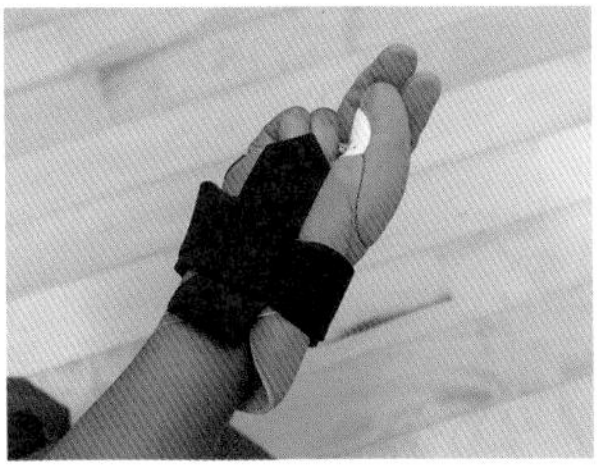

その他必要な弓具

弦巻《つるまき》

弦が切れたときに備えて、予備弦を巻いておくものです。籐《とう》製やプラスチックでさまざまな色のものがあります。予備弦は、あらかじめ使用する弓に合わせて長さを調整し、中仕掛けを作成しておきましょう。

ギリ粉《こ》、筆粉《ふでこ》

ギリ粉は、松ヤニからできた粉で、碟の指先に使用するすべり止めです。また、筆粉は、藁《わら》・もみ殻を燃焼させた灰で、左手（弓手）と握り部がすべらないように使用するものです。イカの甲羅を粉にしたものや、炭酸マグネシウムを使う場合もあります。いずれも、小型の容器に入れて、少量を取り出して使用できるようにしておきましょう。

弓巻《ゆまき》、弓袋《ゆぶくろ》、石突《いしづき》

保管時や持ち運び時に弓を保護するものです。帯状の弓巻と袋状の弓袋があります。素材は、綿、正絹《しょうけん》のほか、ポリエステルやビニールなどの新素材で作られたものもあります。石突は、弓の本弭《もとはず》側につけて、弓が地面に直接触れるのを防ぎ、汚れや傷つきを防止するものです。雨に備えて、弓袋や弓巻の上からかぶせて使用するビニール製の雨袋も用意しておきましょう。

矢筒《やづつ》

矢を持ち運ぶためのものです。持ち運ぶ矢の長さ（矢尺《やじゃく》）と本数によって、直径とサイズを選びましょう。

弦巻

石突

ギリ粉

筆粉

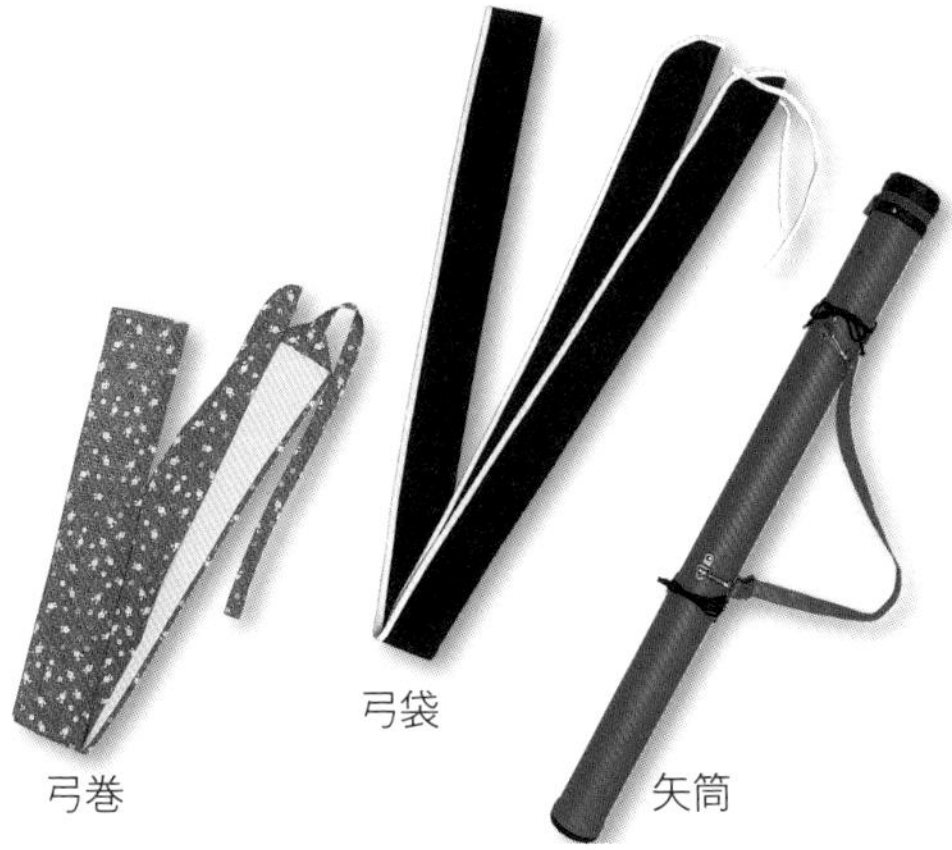
弓巻　弓袋　矢筒

弓道着

普段の練習では、安全で動きやすい服装であれば洋服でも構いません。競技などでは弓道着、▼射礼《しゃれい》や審査では和服が求められることがあります。

最も着ることが多いのは、弓道衣、帯《おび》、袴《はかま》、白足袋《たび》で構成される弓道着です。弓道着は、普段の練習や試合で着用することが多く、四段までの審査で用います。動きやすく、弓を引く際の機能性を有しています。弓道着を正しく着こなすことで、正しい射術を行うことにもつながります。体のサイズに合ったものを選び、常に清潔に保ちましょう。

胸当《むねあて》

胸部を保護するためのもので、一般的に女性が用います。男性でも、衣服を弦で払う場合に着用することがあります。合成レザーやメッシュ生地のものなどがあり、安全面を考えて適宜着用しましょう。

メッシュ生地の胸当を装着

袴の着け方

▼射礼《しゃれい》
礼法に従って行射すること。儀礼的な弓射。日置《へき》流では射礼のことを「体拝《たいはい》」といい、これが転じて「体配《たいはい》」（⇩P136）となった。現在は、単に進退作法のことを「体配」ということもある。

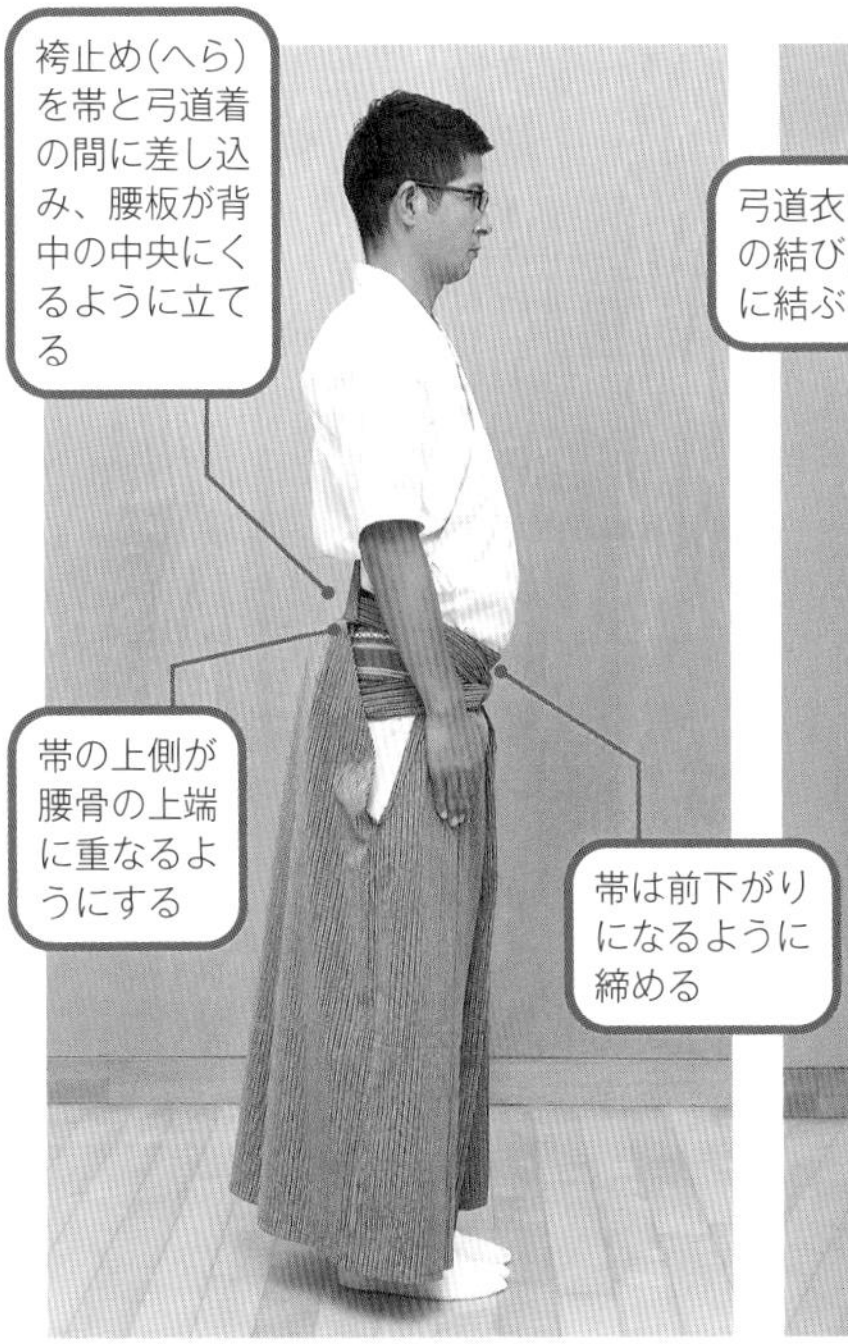
袴止め(へら)を帯と弓道着の間に差し込み、腰板が背中の中央にくるように立てる
帯の上側が腰骨の上端に重なるようにする
帯は前下がりになるように締める

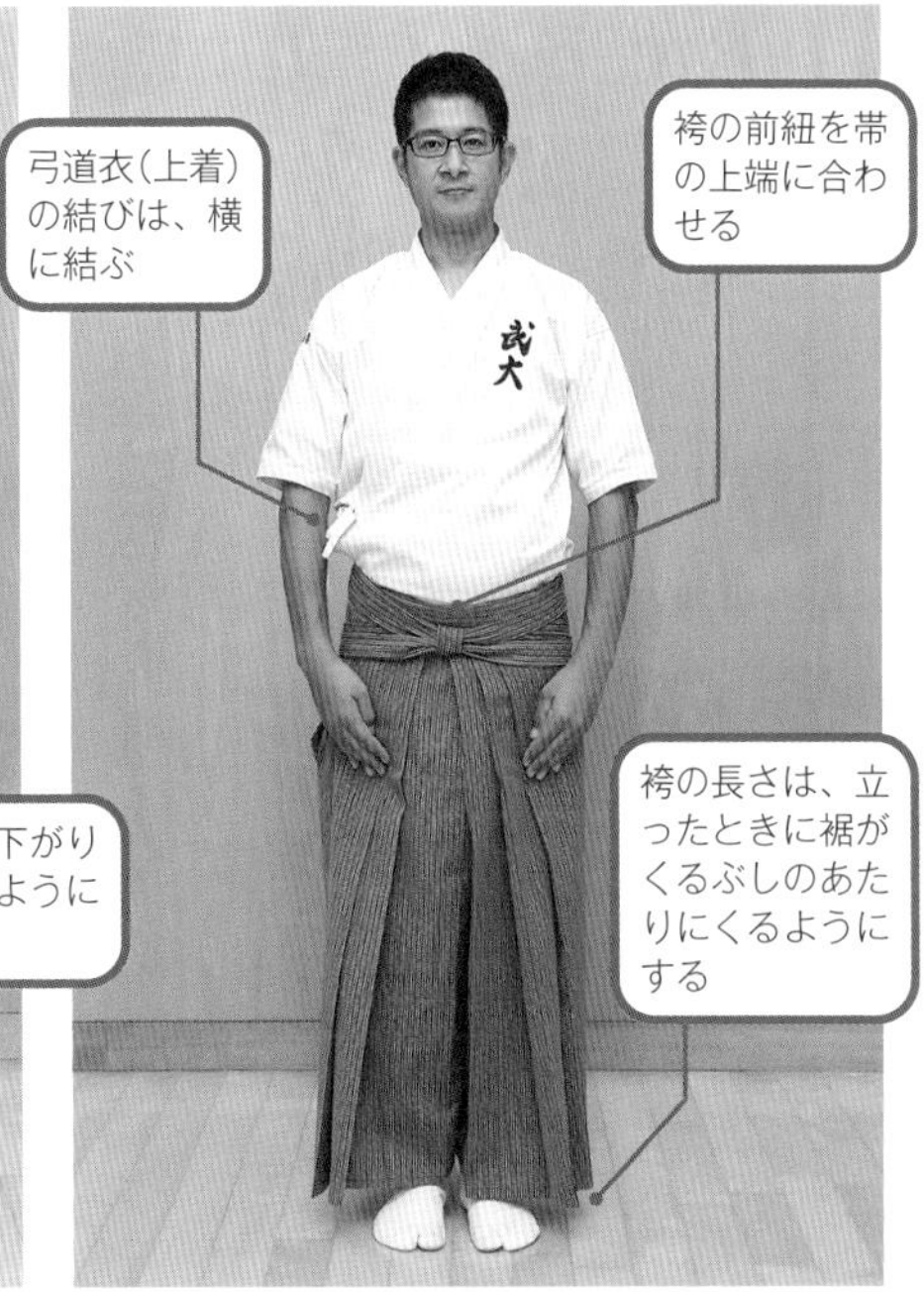
弓道衣(上着)の結びは、横に結ぶ
袴の前紐を帯の上端に合わせる
袴の長さは、立ったときに裾がくるぶしのあたりにくるようにする

帯は男性より少し高めの、ウエストあたりで締める
背のへらは帯の内側に入れる

袴の前紐を帯（または伊達締め）の上端に合わせる

道具の手入れ

毎日の弓の管理

弓は、使用する前後にタオル等で乾拭《からぶ》きをしましょう。弓を張ったら、弓の握り部の弦側と弦との間隔（弓弝《きゅうは》、または弝という）を、約15センチメートルに調整します。弓弝が高い・低い（間隔が広い・狭い）場合は、弦の上輪《かみわ》を調節して、弦の長さを変えましょう。額木《ひたいぎ》と弦の間隔は、3～5ミリメートル程度がよいでしょう。

中《なか》仕《じ》掛《か》けの作り方

弦の矢を番《つが》える部分は、筈《はず》の大きさに合わせて麻緒《あさお》を巻いて太くします。中仕掛けが正しく作られていないと、番えた位置から矢がずれたり、筈こぼれ（矢が弦から外れて床に落ちること）を起こします。引いているうちに中仕掛けがほころんでいくので、頻繁に確認しましょう。筈と弦がゆるすぎず、きつすぎず、きちんとはまる太さに常に整えておきます。

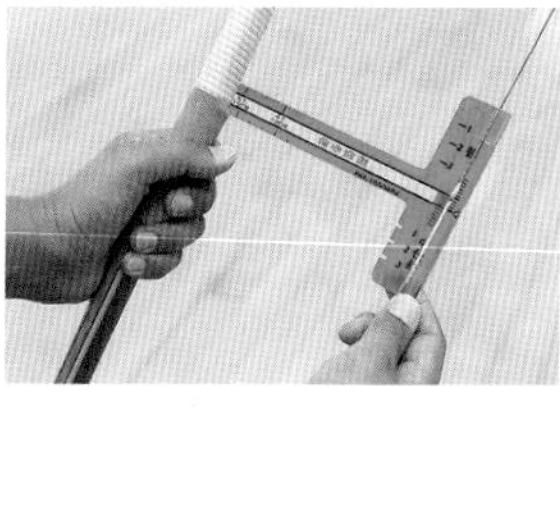

弓弝は約15㎝に。

額木と弦の間隔は３～５㎜程度に。

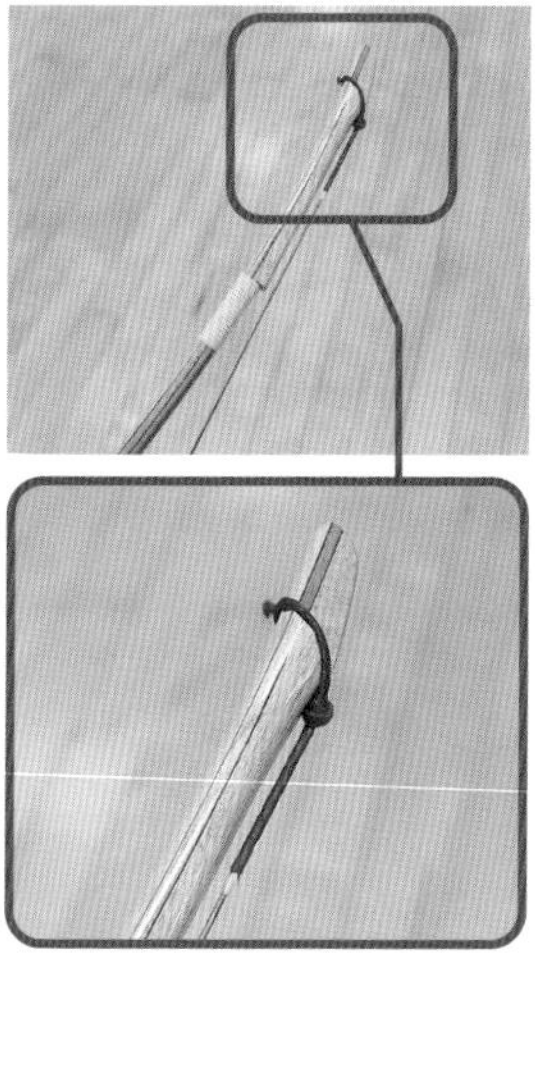

1　矢筈を番える位置より1～2㎝くらい上から、下方向に10㎝程度、木工用接着剤を塗る（接着剤は最低限使用し、塗りすぎないように）。

2　25㎝程度の麻緒の両端をナイフなどで細くする。麻緒を、接着剤を塗った最上部の位置で､弦の向こう側（弓側）から右側に約5㎝出して弦に当て、右側に出した麻緒を弦のより方と反対（上から見て時計回り）に上部から下部へと巻いていく。

3　左側に残った麻緒を広げつつ、弦のより方と同じ方向（上から見て反時計回り）に上部から下部へと巻いていく。

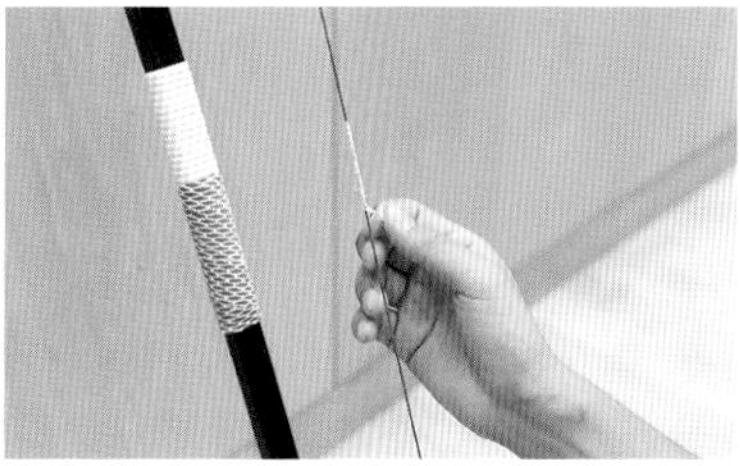

4　長さと太さを整えて巻き終えたら、道宝〔どうほう〕を使って、中仕掛けを締めるように、弦のより方と同じ方向にこき下ろしていく。矢筈を番えてみて、細すぎるようであれば、麻緒を巻き足して、再び道宝をかけて調整する。

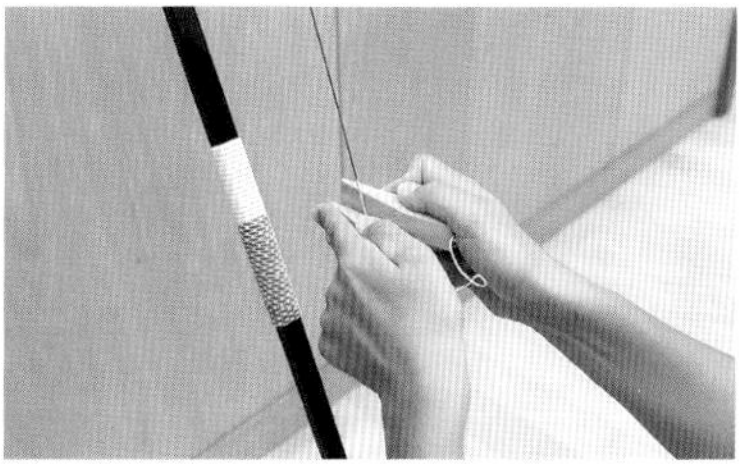

5　一定の位置に番えられるように、矢筈を番える位置に油性ペン等で印をつける。

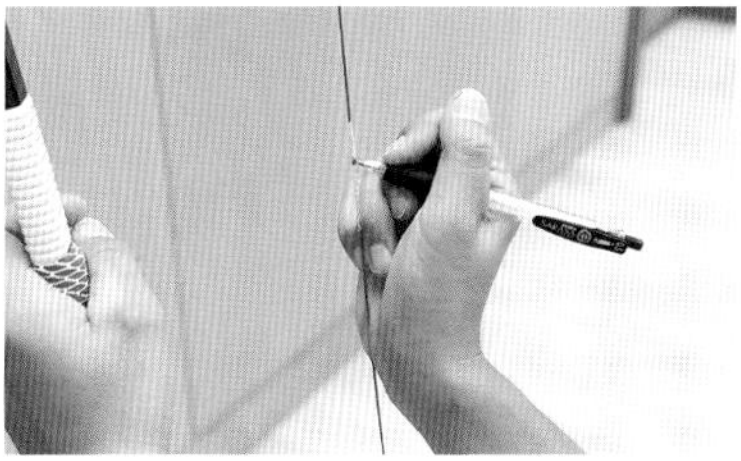

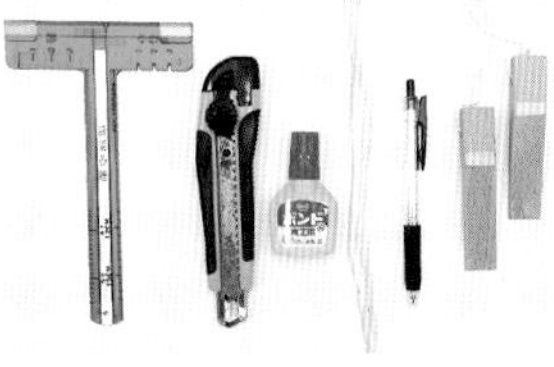

◉必要な道具
（左から）的中定規、カッター、木工用接着剤、麻緒、ボールペン、道宝

握革《にぎりかわ》の巻き方

握革は、使用するにつれてすべりやすくなったり、摩耗《まもう》して穴があくことがあります。また、手の内がうまくできない人は、握りの大きさを変えるとよくなることがあります。握革を巻き替えて、調整をしましょう。

握革には、鹿革、牛革、羊革など、さまざまな素材のものがあります。それぞれ感触が異なるので、自分に合ったものを探しましょう。また、握りの大きさや形は、握り下（あんこ）を修正したり、交換することで調整します。専用のゴム板があるほか、ハガキ程度の厚紙を重ねて作ることもできます。

◉必要な道具

（左上から）口入れ、籐べら、握り下（あんこ）3種類、握り革2種類、ゴム用接着剤、ボールペン、はさみ

1 古い握革をはがす。外竹側（弦と反対側）から見て、矢摺籐の下部左角端から右方向に、新しい握革を仮巻きする。

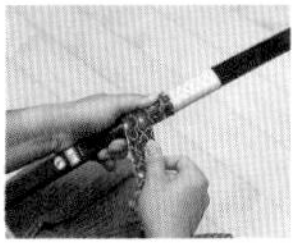

2 おおよその巻き終わりの位置にペンで印をつける。

3 巻き終わりの位置で、少し余裕をもって斜めに切断する。

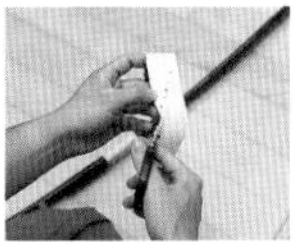

4 握革の裏に接着剤を薄く塗る。

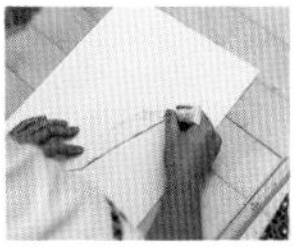

5 仮巻き時と同様に巻いていく。巻きはじめは少し重ねて巻き、残りはすき間を詰めるように力を加えながら巻く。

6 巻き終わりは、外竹側から見て右角端で終わるようにするとよい。長すぎれば切る。

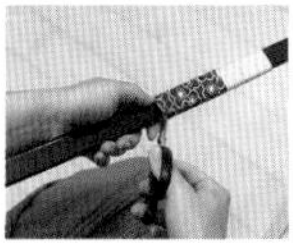

7 先端は、口入れなどを利用して革の下に差し込む。

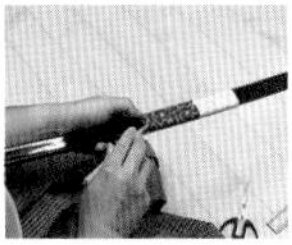

8 継ぎ目などを整え、道宝やガラス瓶などで表面の凹凸を整えてなめらかに仕上げる。

的《まと》

近的《きんてき》競技と遠的《えんてき》競技で、使用する的の種類や大きさが異なります。

近的競技では、一般的に霞的《かすみまと》が使用されます。星的《ほしまと》は、大学生でよく使われています。直径が36センチメートル（一尺二寸）の木製の的枠に的紙を貼り、安土《あづち》に固定して使用します。試合によっては、28センチメートル（八寸）の的を使用することもあります。

遠的競技では、霞的もしくは得点的を用い、直径1メートルで、段ボールに印刷された的を畳やマット等に固定して使用します。直径79センチメートルの的を使用することもあります。

競技で使用する的の種類

	射位から的までの距離	的の種類	的の直径
近的競技	28m	霞的 星的	36cm （一尺二寸） 24cm （八寸）
遠的競技	60m	霞的 得点的	100cm 79cm 50cm

全日本弓道連盟「弓道競技規則」による。その他、全日本実業団弓道連盟が、近的でも独自の得点的を使用している。

的の種類

①遠的・霞的・100cm、②遠的・得点的・100cm、③遠的・霞的・79cm、④近的（遠近競射用）・線的、⑤近的・星的・24cm、⑥近的・得点的・36cm、⑦近的・霞的・24cm、⑧近的・星的・36cm、⑨近的・金的・9cm（三寸）、⑩近的・霞的・36cm

的は紙製のものとビニール製のものがある。ビニール製のものは、紙製に比べて高価であるが、耐久性が高く、的中時の音も大きい。

◉近的競技用的の設置方法

射場の床面と的場の垜《あづち》敷《じき》（安土が設置されている場所の地面のこと）が同じ高さであるとして、的の中心が垜敷から27cmの高さで、後方に5度の傾斜になるように、侯串《ごうぐし》などによって設置する。

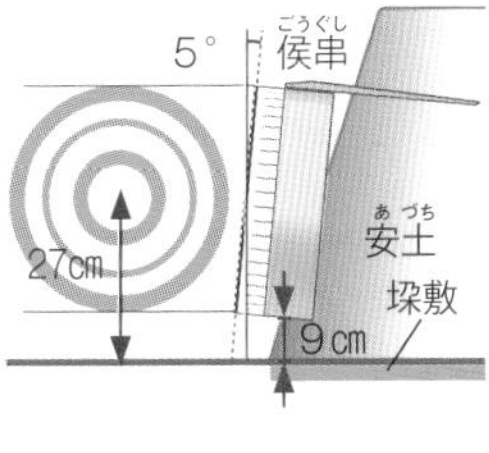

弓道場の構造

通常の稽古、試合、審査は、近的で行われる場合がほとんどです。そのため、多くの弓道場は、左のように近的用に作られています。

近的射場

弓道場は、大きく射場《しゃじょう》、矢道《やみち》、安土《あづち》の三つに分けられます。射場は、板敷《いたじき》の弓を引く場所で、射手は、射場の中にある射位に立って矢を放ちます。安土は、土を盛って傾斜を持たせ、的を立てられるようにしたものです。射場と安土の間の矢が飛んでいくところを、矢道といいます。射位から的までの距離は28mです。

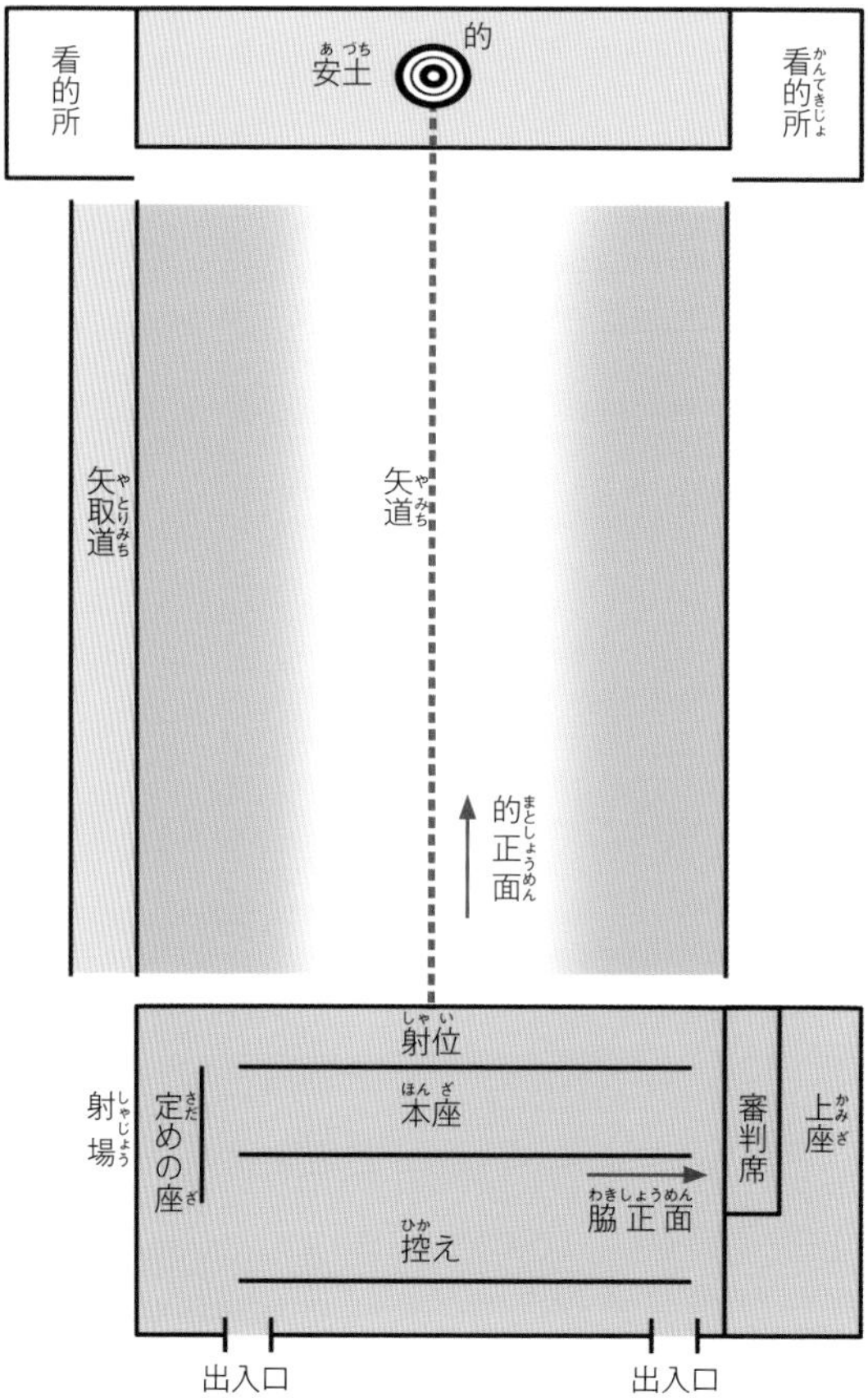

第五章　射《しゃ》癖《へき》への対処

射《しゃ》癖《へき》はどう直す？

弓の稽古《けいこ》をしていると、気づかぬうちに誤ったやり方を繰り返してしまい、悪い癖《くせ》がついてしまうことがあります。これを弓道では射癖と呼びます。射癖には、誤ったやり方で弓を引いているだけで、正しいやり方を意識すれば修正されるものと、習慣づいてしまい、なかなか修正できないものがあります。意識するだけではすぐに修正できない射癖がついてしまった場合は、正しい方法を理解し、繰り返し正しく稽古を行うことが大切です。

習慣づいてしまった射癖を克服するためには、これまでやってきた方法を見直して、正しいやり方を根気強く、繰り返し稽古しましょう。

1 腕や顔を弦《つる》で打ってしまう

離れの際、弦で顔や腕を打つのは、一般的に角見《つのみ》の働きが十分ではなく、弦が体の近くを通ってしまうことが原因と考えられます。そのため、まずは手の内の稽古（⇩P66）に取り組み、弓を十分に押しねじれるようにしまし

よう。

主に顔を打つ場合は、離れの際に、右手のひねりが戻ってしまっている可能性もあります。ひねりを意識したまま離れるようにしましょう。

※眼鏡をかけて弓を引く場合、角見の働きが十分であれば、弦が眼鏡に当たることはまずありません。眼鏡に接触してしまう場合は、弓をねじる力や右手をひねる力が不十分かもしれません。

2 猿《さる》腕《うで》のせいで弦が当たる

腕を伸ばしたときに一直線にならずに、ひじから「く」の字に曲がる腕を、一般的に猿腕と呼びます。角見の働きが十分でも、この骨格上の特徴が原因で、弓と弦の間に腕が入ってしまい、弦で腕を打ってしまう場合があります。この場合は、大きく二つ対処方法があります。

①上腕を内旋《ないせん》させ、ひじが弓と弦の間に入らないようにする。

②上腕を外旋《がいせん》させ、ひじが弓と弦の間に入らないようにする。

内旋させるか、外旋させるかは、ひじが弓と弦の間に大きく入らないことと、弓を押しやすいことを確認して、引きやすいほうを選択するとよいでしょう。

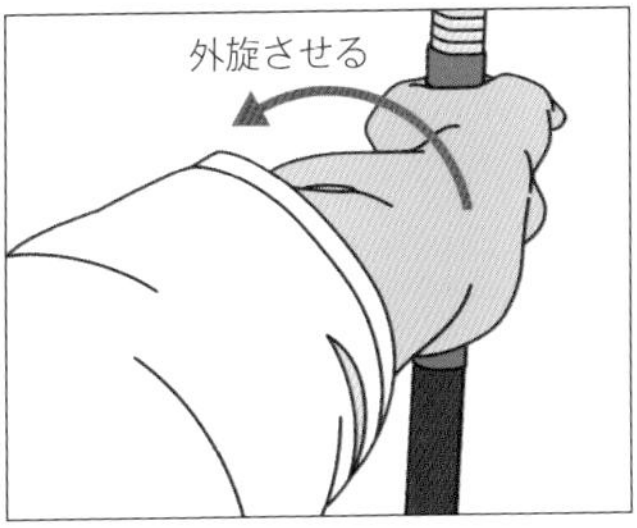

3 引いているときに矢が落ちてしまう

矢が落ちる原因は、基本的に矢を右手人差し指側面で押さえられていない場合が多いのですが、押さえているつもりでも、矢が落ちてしまう場合があります。その場合、対処法は射法八節のどのタイミングで落ちるかによって変わってきます。

①取懸《とりか》けで矢が落ちる

取懸けの位置が下すぎるか、矢を押さえるように右手をひねることができていないことが多いので、正しい取懸けを見直しましょう（⇩P35）。

②引分けで矢が落ちる

右手から先に弦を引いてしまい、手首が曲がり、弽《ゆがけ》の親指の先が体の前の方に向いてしまうことが原因です。この場合は、右手はひねって矢を押さえたまま、左手で弓を押し開くようにし、弓を矢にこすりつけるような意識で弓を引くとよいでしょう。

③会で矢が落ちる

多くの場合、会でひじを体の後ろに引いた際に、弽の親指の先が体の前の方に向いてしまうことが原因です。この場合は、伸合いの方向が矢筋の延長線上になるように、弽の向きが変わらないように注意します。

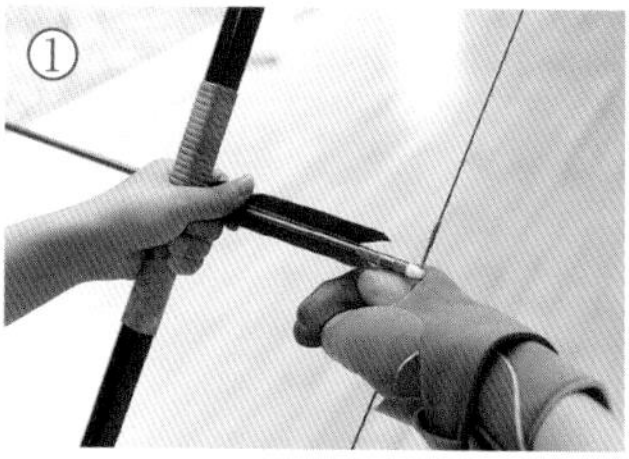

取懸けの位置が低い

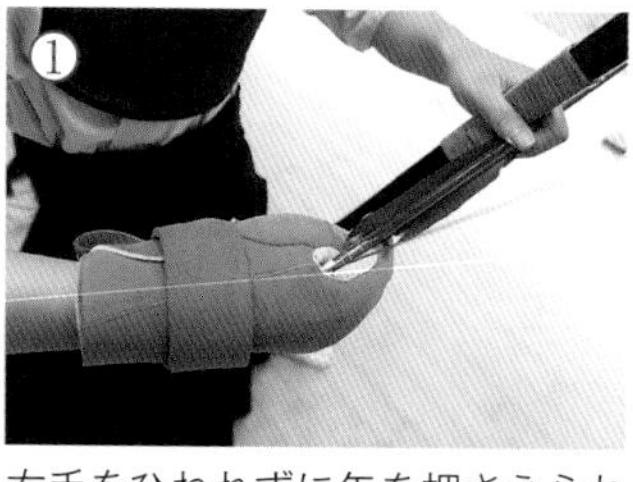

右手をひねれずに矢を押さえられていない

引分けで弽が前を向いている

4 引いている途中で意図せず離れてしまう

引いている途中で、意図せず離れてしまうのは、多くの場合、右手のひねりが戻ってしまい、弦枕《つるまくら》から弦が外れてしまうときに起こります。取懸けの際に軽く右手をひねったまま、その意識を継続して弓を引くようにしましょう。

5 左手の親指の付け根を矢が擦《す》る

離れの際、矢はわずかに左手親指から浮き上がりつつ飛んでゆくため、正しく行えば矢が指を擦ることはありません。次のような点を確認しましょう。

①矢を弦に番《つが》える位置が低すぎる。
②弓を握る位置が高すぎる。
③矢が離れる際に上押しが効いていない。

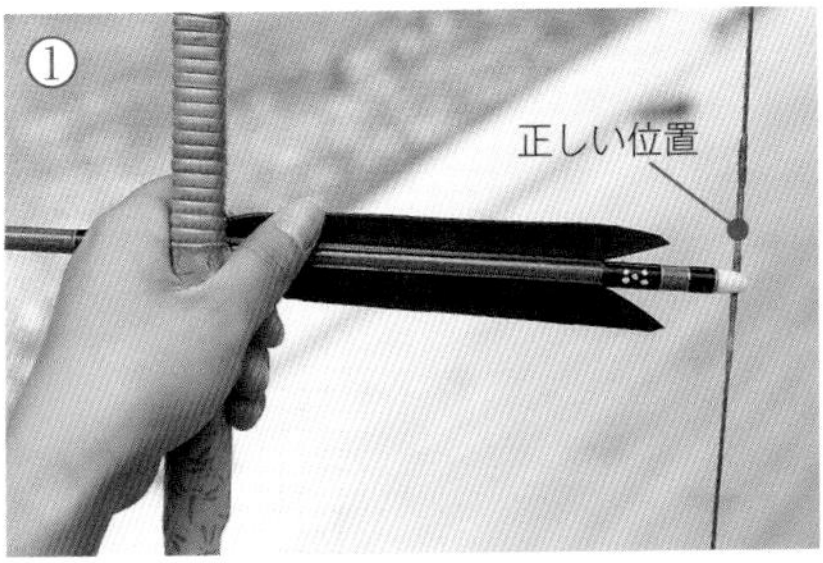

番える位置が低い

上押しが効いていない

6 手の皮が破れてしまう

稽古《けいこ》量が増えてくると、手にまめができてまめが破けたり、手の皮が裂けてしまうことがあります。上達する過程でこれらの傷やけがは誰にでも起こりうることです。テーピングなどで保護し、痛みを軽減するとともに稽古量を調整しましょう。稽古を重ねるにつれて手の皮膚がある程度厚くなり、手の内もうまくなるので、傷やけがの頻度は少なくなるでしょう。

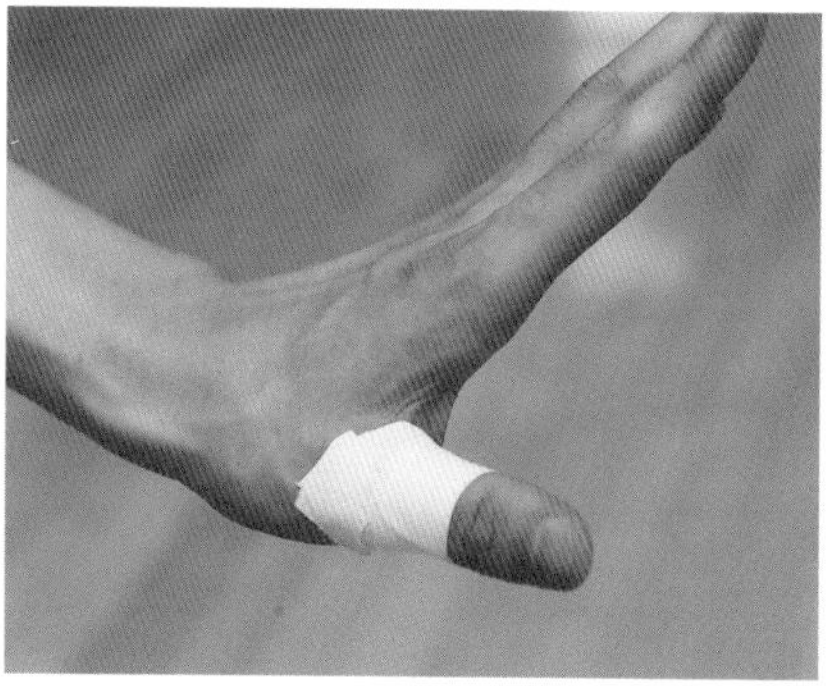
テーピングで保護

7 足踏みが正確かどうかわからない

足踏みの際は、的の中心から仮想の線を引き、その延長線上に両足の親指先がそろうように丁寧に行いましょう。立つ位置をほかの人にも確認してもらい、正しい位置に立てるように何度も練習する必要があります。

足踏みの広さと角度は29ページ、的との位置は75ページの図を参照してください。

8 狙いがうまくつけられない

右目が利き目の場合の狙いは、弓の矢摺籐《やずりとう》と的の位置関係を覚え、ほかの人に確認してもらいながら狙いを合わせましょう（⇩P45）。

しかし、左目が利き目の場合は、狙いの見え方が異なります。この場合、弓の矢摺籐と的の関係を覚える方法がありますが、正確に狙いを覚えることは難しいです。そこで、左目を閉じた状態で狙いをつける方法があります。右目だけで的を狙うときも、ほかの人に狙いを確認してもらうことが大切です。

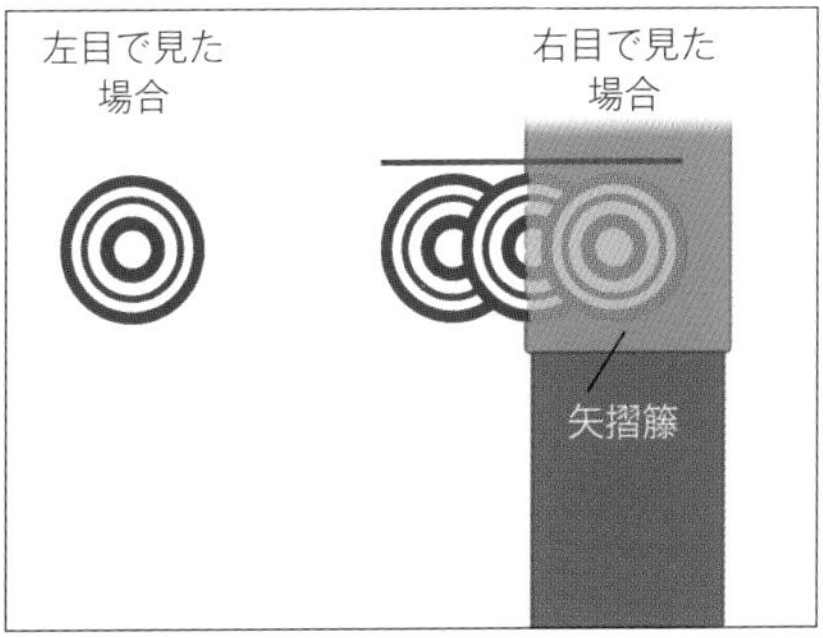

左目の的の見え方

左目が利き目の人は、左目を閉じて狙いをつけてもよい。

9 頬付《ほおづけ》や胸弦《むなづる》をうまくつけられず、狙いが安定しない

頬付や胸弦がうまくつかない場合、物見・胴造り・弓の角度に問題があることが多いです。▼物見を照《て》らしていたり、伏《ふ》せていたりしてしまうと、頬付をつけたときにうまく胸弦がつかないことがあります（⇩P122）。

▼頭が後ろに倒れ顔が後方に傾くことを「物見を照らしている」、頭が前に倒れ顔が前方に傾くことを「物見を伏せている」という。

また、物見と関係していますが、胴造りが後ろに反《そ》ってしまっている場合、胸弦がついても頬付がつかない場合があります。物見と胴造りを正しく行いましょう。

いずれの場合も、体形によって弓が▼照《て》ってしまう場合を除き、弓の角度は体と平行になるように維持することが大切です。

10 引分けで肩や上体が動いてしまう、引分けがきつい

筋力不足が原因であることが多く、その場合は、まず素引き稽古《けいこ》を繰り返し行うことが重要です。上体を安定させたまま素引きができるように稽古しましょう。

筋力不足のほかに、次のような場合は、それぞれ弓の引き方に問題があることが考えられます。

①左肩が上がる場合

左肩を突っ張るように回転（内旋《ないせん》または外旋《がいせん》）させていると、肩が上がってしまうことがあります。打起しで

物見と弓が照りすぎている

物見と弓を伏せすぎている

▼弓の上部が体の後ろに傾くことを「弓を照らしている」、弓の上部が体の前に傾くことを「弓を伏せている」という。

肩を落とし、肩を回転させないように大三から引分けに移りましょう。

②右肩が上がる場合

引分けで右肩が上がる場合は、打起しからすでに上がっていることがあるため、打起しで肩が上がらないようにします。また、引分けの際に右手ばかりで引こうとすると、右肩中心に力が入ってしまいます。弓は左手中心に押し開くという意識を持つことが大切です。

③上体がねじれたり、傾いたりする場合

弓を押す、引くだけでなく、上下にも体が伸びるように意識しましょう。頭頂は上に引っ張られるように、胴体は下に沈むように意識して、ねじれや傾きをなくします。

左肩が上がっている

右肩が上がっている

体がねじれている

11 どこまで引けばよいかわからず、引きすぎてしまう、または、引きが小さくなってしまう

自分がどれだけ引けばよいかは、自己の矢束《やづか》（両手を横に伸ばしたときの両中指同士の距離の約半分）を基準とします。ただし、体格によって多少の違いもあるため、引き込んだときの右ひじと肩が同じ高さになるように気をつけて右ひじを曲げ、右手の高さは矢筋に伸びやすい頬付《ほおづけ》の高さ（頬骨下から唇までの間。矢が唇の高さにくるようにする頬付は口割《くちわり》という）に合わせましょう。

また、強く引きすぎて矢束が大きくなってしまうときは、前腕からひねりをかけるとひじが締まり、引きすぎを抑えられます（⇩P42）。矢に印をつけて矢束をほかの人に確認してもらうのもよいでしょう（⇩P86・88）。

12 手の内がずれたり、すべったりする

手の内を完成させた後、手の内がずれたり、すべってしまったりすると、弓が手の中で空回りし、弓を押しねじる力をうまく加えられません。これらの主な原因は手の内の形を維持できないことです。

弓の外竹角《とだけ》に天文筋、小指の第一関節をかけ、中指と親指を離さないようにし、

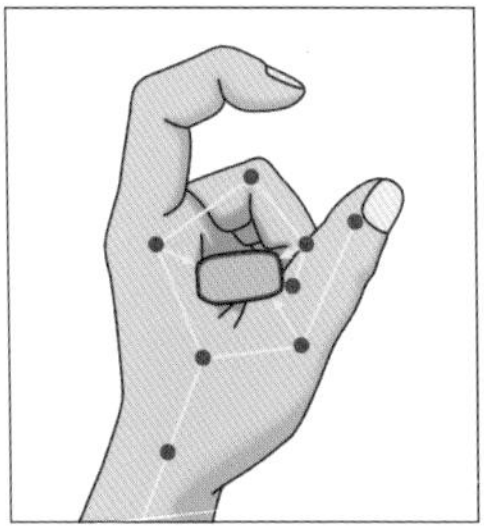
矢印の関節と弓の角がそれぞれずれないように形を維持する。

右手は
頬付の高さに
そろえる
右ひじと
肩の高さを
そろえる

親指の付け根で内竹《うちだけ》の右角に力を加え、手の内をレンチのようにして、弓にねじる力を加えます。角と角を合わせて、形が変わらないようにすることがポイントです。

13 矢の飛び方がおかしい

矢の飛び方は、昔から自身の離れを振り返るための指標とされてきました。矢の飛び方の不正には、主に次の3パターンがあります。

①矢が横に振れながら飛ぶ

矢を放つ際に、弓をうまく押しねじれず、矢が弓にぶつかって飛ぶことが主な原因です。手の内を見直し、しっかりと弓を押しねじれるように稽古《けいこ》しましょう。

②矢が縦に振れながら飛ぶ

矢を放つ際に、右手が矢に触れてしまったり、弦に引っかかったりすることが主な原因です。右手をひねりすぎて矢を強く押さえてしまっていないか、弽《ゆがけ》の弦《つる》枕《まくら》の溝が深すぎないかを確認しましょう。弦の中仕掛けの太さは弦枕に対して少なくとも10分の6程度の太さにします。

③矢が回転しながら飛ぶ

①と②の両方が同時に起こることが主な原因です。前述の対策を行いましょう。

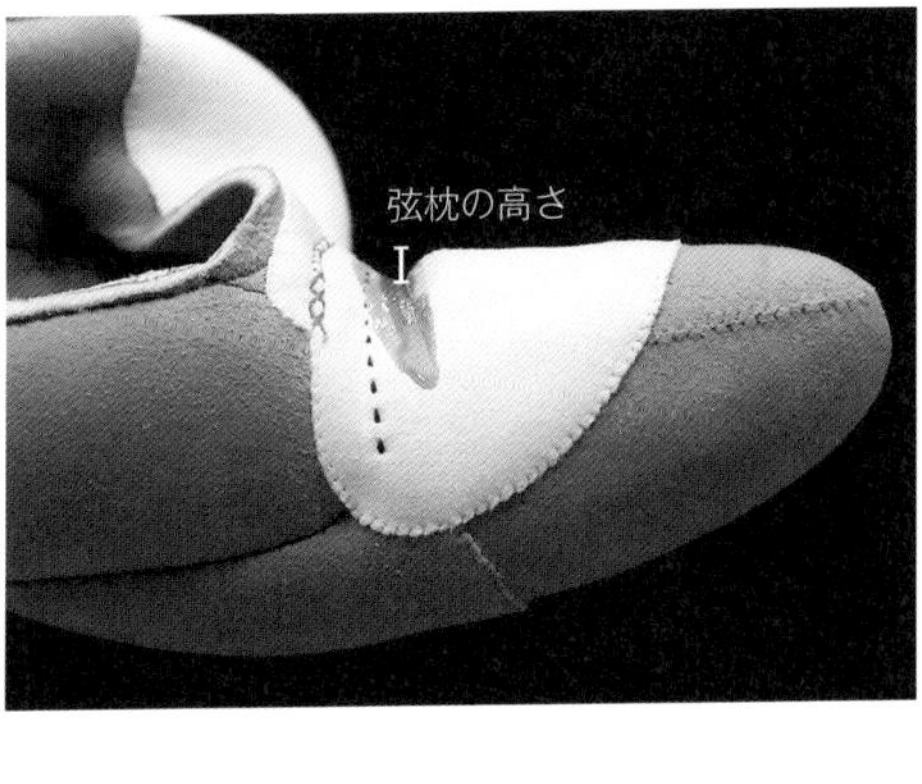

弦枕の高さを10とすると、中仕掛けの太さは6/10以上にする。

14 残心(残身)で手が高すぎたり、低すぎたりする

残心（残身）は、その前の離れや会での力の働きを反映しています。

【手が上がってしまう場合】

矢が下に飛ぶことに起因することが多く、矢を上に飛ばすために、弓を押し上げながら離すことで手が上がります。狙いをやや高めにつけるようにし、残心（残身）で両手が肩の高さと同じになるくらいしっかりと両腕が開くように稽古《けいこ》しましょう。その際、矢が的の上に多く飛ぶ場合は、筈《はず》をかける位置を少し上げてもかまいません。

【手が下がってしまう場合】

狙いが高すぎると、離れの際に左手を下に動かしてしまい、残心（残身）で左手が低くなることがあります。また、会で伸合いが弱い場合に残心（残身）で両手が下がってしまうことがあります。矢筋に強く伸合うように意識しましょう。

残身で両手が下がってしまう

残身で左手が上がってしまう

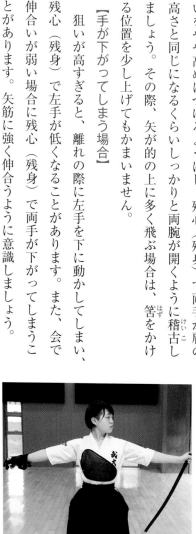

とくに、離れの際に肩が上がって手が下がってしまう場合は、離れの際の矢束《やづか》の変化や狙いのぶれにつながるため、肩が上がらないように注意しましょう。

15 離れの前に矢束が小さくなってしまう

矢束が小さくならないようにするには、まず、弓構え以降、引きを戻さないように気をつけます。会の途中や離れの直前に引きが戻ってしまうときは、次のような場合があります。

【会で矢束が小さくなってしまう場合（ちぢみ）】

詰合《つめあ》いの際、無理に大きく引きすぎていないか見直しましょう。ほんの少し余力を残して詰合いを行い、伸合いで少しずつ押し開きながら矢束まで引きます。会での矢束の変化は自分では気づきにくいので、ほかの人にチェックしてもらいましょう（⇩P86）。

【離れの直前に引きが戻ってしまう場合（ゆるみ）】

会で伸合う力が弱くならないように、離れまでしっかりと押し引きすることが重要です。その上で、離れの際に肩が上

引きが矢束より小さい

正しく矢束の長さを引いている

がらないように注意しながら、右ひじを体の右後ろ下に突くようにして離れましょう。

16 離れで弓が落ち、残心（残身）で矢摺籐を握ってしまう

離れの際に、左手が開いてしまうことが原因です。弓返り（⇩P48）のことはいったん忘れて、手の内の形が変わってしまわないように注意します。

弓が落ちない場合も、残心（残身）で人差し指を握り込んでしまうときは、手の内が開いてしまっています。親指と中指を離さないように意識しましょう。それでも開いてしまう場合は、手の内を整える際、親指の先に人差し指を当て、離さないようにします（三日月の手の内）。こうすることで、弓返りしないようになり（打切《うちき》り）、左手が開かないようになります。

17 十分に伸合えずに離れてしまう（早気《はやけ》）、離そうと思っても離れることができない（もたれ）

「早気」と「もたれ」は、正反対のもののようですが、どちらも多くの場合、「伸合いがうまく高められない」ことが原因です。

【早気の場合】

早気が習慣化してしまった場合、自分の意志で伸合いを十分に行うことは難しいです。まず、

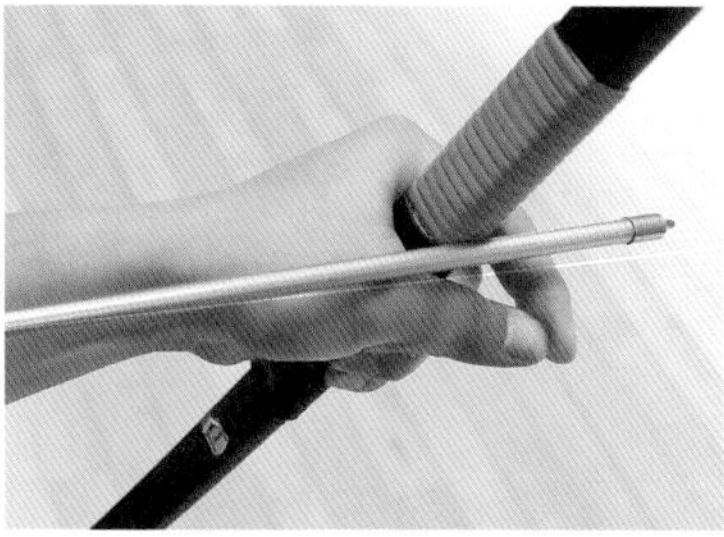

三日月の手の内

「早く離してしまわない環境下」をつくる必要があります。たとえば、弓を弱くしたり、大きな的を使用して、しっかりと伸合う稽古をしましょう。また、的前でなく巻藁《まきわら》稽古で伸合いが行えるように稽古するのもよいでしょう。

一方で、会で伸合うことは楽ではないと知ることも大切です。的に中《あて》ることにこだわりすぎずに、伸合いに徹するようにしましょう。あわてて直そうとせず、強い意志を持ち、長い期間をみて継続的に取り組みましょう。

【もたれの場合】

伸合いで力を高めるためには、角見《つのみ》（親指の付け根）で弓を押しねじる力、弦を引く力を高めていくことを心掛けます。的前でうまく力を高められない場合、巻藁で稽古するとよいでしょう。

それでも難しい場合は、一時的に柔《やわらか》帽子《ぼうし》の

碟《ゆがけ》（親指の部分が柔らかい碟）に変更したり、巻藁などで矢束《やづか》いっぱいに引かず、引きを小さくした状態で伸合い、左手の力が高まったら離すなど、力を高めて離す稽古を繰り返します。手応えを得られるようになったら、徐々にいつも通りの道具や矢束に戻していきましょう。

18 矢所《やどころ》からみる射癖

残心（残身）の際には、矢が飛んだ位置（矢所）を注視して、必ず確認するようにしましょう。矢が同じ場所に集まる場合、それぞれ次のような原因が考えられます。どの原因があてはまるかを確認して、直していきましょう。

①矢所が的の上に集まる場合の原因

●狙いが上についている
●狙いの見え方は変わらないとき
⇩頬付《ほおづけ》の位置が低い　⇩矢を番《つが》える位置が低い
⇩弓を握る位置が高い　⇩あごが上がっている
⇩足踏みが広い

●離れの際に弓の下部が的方向に出てしまう
●離れの際に狙いを上げてしまう
●離れの際に右手を下に引っ張ってしまう
●矢の重量が軽すぎる

②矢所が右に集まる場合の原因

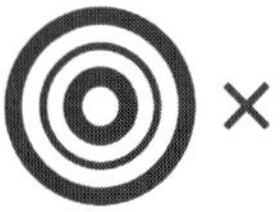

●狙いが的の右についている
●狙いの見え方は変わらないとき
⇩物見が浅い　⇩足踏みで右足が後ろすぎる
●離れの際、右手を背中の方に引っ張ってしまっている

●離れの際、弓を押しねじれていない（角見《つのみ》が効いていない）
●離れの際に右手を引く力が強すぎる
●矢が硬すぎる、または矢の重量が軽すぎる

③矢所が左に集まる場合の原因

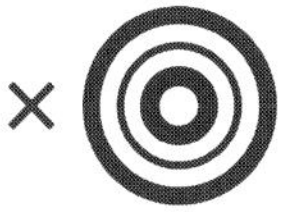

●狙いが的の左についている

●狙いの見え方は変わらないとき

⇩物見が深い　⇩足踏みで右足が前すぎる

●離れの際に右手が弦に引っかかり、体の前の方へ引っ張っている

●離れの際に引く力がゆるんで右手が体の前に動いている

●離れる際、右手が離れる前に、左手を左に動かしてしまう

●矢が柔らかすぎる、または矢の重量が重すぎる

④矢所が下に集まる場合の原因

●狙いが下についている

●狙いの見え方は変わらないとき

⇩頬付の位置が高い　⇩矢を番える位置が高い

⇩弓を握る位置が低い

⇩あごを引きすぎている　⇩足踏みが狭い

●離れの際に引く力がゆるんで矢束《やづか》が小さくなっている

●離れの際に上に右手が動いている

●矢の重量が重すぎる

⑤矢所が定まらない場合の原因

●狙いが一定でない

●離れの際に弓を一定に押しねじれていない（角見が効いていない）

●伸合いが一定でなく、離れの際の矢束や押引きの方向と力にばらつきがある

●頬付や胸弦《むなづる》が一定でない

精神面で悩んだら

1 試合や審査で緊張してしまい、稽古《けいこ》通りに引けない

弓道はどのような環境下でも、自分と的との関係は変わることなく、相手に動きをじゃまされることはありません。しかし、試合や審査ではやはり緊張してしまいうまくいかないということもあるでしょう。

まず、人は緊張して当たり前ということを理解しましょう。心拍数が速くなり、汗をかき、手が震えるというようなことは普通のことです。緊張するからうまくいかないのではありません。「緊張したときに自分がどうなるのか」を正しく理解して、緊張したときでも自分ができることをしっかりと確かめて臨みましょう。

そして、緊張したときは、身につけた引き方が無意識に出るものです。ですから、基本通りの弓が引けるように繰り返し稽古することが重要です。繰り返すことで基本通りの引き方を身につけられれば、緊張した場面でも大きな失敗をすることはないでしょう。

また、自分自身の中で、「これだけはしっかりとやる」というポイントを、稽古をしながら決めておきましょう。緊張する場面でもそのポイントをしっかり行えることが重要です。たと

◉準備の例

弓具の確認
・替え弦は２本以上準備する
・矢に破損がないか確認する
・弓の握革がずれていないか確認する
・弽の弦枕に変化がないか確認する
など

えば、「大三では手の内を完成させ、肩が上がらないようにする」などを、繰り返し稽古の中で意識している場合、試合でも同じことを意識して引きましょう。

また、このようなポイントを決定するためには、緊張感をもって稽古を行い、成功と失敗を繰り返しておくことが大切です。仲間とも協力して、緊張感のある良い稽古ができるように努力し、緊張したときにどのように成功したり、失敗したりしているのか、自分自身をよく観察しましょう。

2 試合前になると、緊張と不安で落ち着かない

試合の前、緊張してしまうことは自然なことですが、緊張することで不安になる必要はありません。それでも、やはり試合の前に落ち着かないということはあるでしょう。そんなときは、「準備をする」ことで気持ちを落ち着かせましょう。弓具の点検、スケジュールの確認、いつも通りの栄養バランスのとれた食事などをして、行動することで心を整えます。試合や審査の前だけでなく、普段からこうした準備を習慣づけておくことも大切です。下の表のような準備を習慣づけるようにしましょう。

また、緊張して寝つけないときは、眠れないことを気にしすぎないようにして、目を閉じ、体を休ませるとよいでしょう。

試合のスケジュールや場所の確認	
・引く本数 ・立ちの時刻と、どのような準備ができるのか確認する （ウォーミングアップ、素引き、巻藁稽古など）	・食事や間食をどのようにするのかを決めておく ・会場がどのような場所の下調べをする ・団体の場合、どのようなスケジュールで行動するかを話し合っておく

食事を整えて試合に臨もう

第六章では、競技大会（試合）や審査についてみていきますが、当日、力を発揮するためには、日ごろから食生活を整えておくことも重要です。試合前の期間も特別な食事ではなく、普段通りの食事でコンディションを維持するようにしましょう。緊張や不安で食欲が落ちた場合は、無理をせずに食べられる量を食べて、朝・昼・夜以外に軽く補食をとって補うとよいでしょう。

また、試合当日は集中力を保つために、小まめに糖質を補給することも大切になります。以下を参考にしてください。

試合2時間前

糖質中心の軽食をとります。おにぎり、カステラ、餅、あんぱん、バナナなどが食べやすく、持ち運びもしやすいので便利です。

試合1時間前

消化吸収の速い食品で糖質を補給します。エネルギーゼリー飲料、バナナ、スポーツドリンク、果汁100％ジュースなどがよいでしょう。試合が終わったときに「小腹がすいた」と感じるくらいの量を目安にします。また、開始直前（30～45分前）には摂取を控えます。

1日に複数の試合がある場合

1試合ごと（予選、準決勝、決勝等）に糖質を補給します。摂取目安は、体重1kgあたり糖質1g程度です。

〈参考／おにぎり1個＝糖質47g　カステラ2切れ＝糖質63g　バナナ1本＝糖質22g〉

昼食

糖質中心の軽食をとるとよいでしょう。

第八章　競技大会への参加と審査の受審

競技大会への参加

的前稽古《まとまえげいこ》になれてきたら、競技大会や審査に挑戦しましょう。弓道の競技大会は、射手《いて》の技量と練習の成果を試し、勝敗を争い、優勝を目指します。審査は、弓道の実力を表彰するとともに、弓道修練の励みとするもので、その段階に応じて全日本弓道連盟から段あるいは級、称号が認許されます。

競技大会は、主催者が定めた要項および競技規則に従って行われます。一方で、審査は、全日本弓道連盟が定めた規定により行われます。競技大会・審査ともに、その流れを把握し、本番と同様の練習を繰り返すことで、当日慌てず臨めるように準備しておきましょう。

体配《たいはい》について

競技大会・審査では、ただ単に弓を引くだけでなく、その前後の動作が定められています。これを体配といいます。体配には、入退場、礼、揖《ゆう》の仕方、本座《ほんざ》への着き方、射位《しゃい》への進み方などが含まれ、場に応じた礼儀作法となります。審査では、体配も評価の対象です。全日本弓道連盟による、全国で統一された体配があります。日ごろから練習して、競技大会・審査の当日、体配を気にするばかりに射術がおろそかになってしまわないよう気をつけましょう。

どうやって出場するか

大会要項の配布や出場申し込みは、基本的に弓道部・弓道会を通じて行われます。また、都道府県弓道連盟などが主催する競技大会への出場にあたっては、弓道連盟への登録が必要です。高校生であれば高等学校体育連盟（高体連《こうたいれん》）、大学生であれば学生弓道連盟（学連《がくれん》）が主催する競技大会があり、それぞれ弓道連盟とは別に登録が必要です。

いつ、どこで行われるか

弓道では、年間を通して競技大会が開催されています。多人数が同時に弓を引くことができ、設備も整っている地域の武道館や総合スポーツセンターなどの弓道場で行われることが多いです。全国大会では、体育館のアリーナ内に仮設弓道場を設けて実施することもあります。

どのような試合があるか

中学生、高校生、大学生、一般のほか、段位および称号で分けて試合が行われることがあります。個人と団体があり、団体は3名あるいは5名が一般的です。多くの試合は、的までの距離が28メートルで、直径36センチメートルの的に何本中《あ》てられるかを競う方法で行われます。方法は大会によって異なりますので、競技大会の実施要項をよく確認して参加しましょう。

競技の流れ

競技大会への参加にあたっては、大会要項を確認し、坐射《ざしゃ》か立射《りっしゃ》か、何本を何回引くのか、団体であれば何人でチームを構成するのかを確かめましょう。また、間合い（行射《ぎょうしゃ》する際の動作の速度や間隔）や、団体戦では制限時間が設定されていることがあります。

標準の行射制限時間

		各自４射	各自２射
三人	坐射	７分30秒以内	４分30秒以内
	立射	６分30秒以内	４分以内
五人	坐射	10分以内	６分以内
	立射	９分30秒以内	５分30秒以内

※制限時間の計時は、進行委員の「はじめ」の合図により開始する。制限時間30秒前に予鈴（１音）、制限時間超過時に本鈴（２音）で合図がなされる。なお、本鈴と同時、およびそれ以降に射離した矢・残った矢は無効・失権となる。弦が切れた場合など、自団体内で起こった事故は制限時間内で行い、時間の延長は行わない。

立ち内における射手の呼称

三人立	五人立
１番＝大前《おおまえ》	１番＝大前《おおまえ》
２番＝中《なか》	２番＝二的《にてき》
３番＝大落《おち》	３番＝三的《さんてき》
	４番＝落前《おちまえ》
	５番＝大落《おち》

※弓道部・弓道会や地域などによって異なる場合がある。

競技に関連する用語

近的《きんてき》競技	射距離28mで競技を行うこと。
遠的《えんてき》競技	射距離60mで競技を行うこと。
的中《てきちゅう》制	的への的中数をもって順位を決定。
得点《とくてん》制	的の中心から円形に画かれた点数区分への矢所（矢が中った場所）をもって得点とし、総得点によって順位を決定。
採点《さいてん》制	審判委員が選手の行射を点数評価し、総得点によって順位を決定。
総射数《そうしゃすう》法	規定数を行射し、結果の総合計の高い方を上位として順位を決定。
トーナメント法	直接相手と対戦し、勝てば次の相手と対戦。勝ち抜き戦。
リーグ戦法	総当たりで対戦を行い、勝率で順位を決定。
同中競射《どうちゅうきょうしゃ》	的中制の試合において、的中数が同じである場合に順位を決定するために行うもの。個人戦の場合は、射詰競射による方法と遠近競射による方法がある。
射詰競射《いづめきょうしゃ》	１射ずつ行い、外れた射手は除外していき、継続して最も多く的中した射手を上位とする。
遠近競射《えんきんきょうしゃ》	１射行い、的の中心に近い方を上位とする。
坐射《ざしゃ》	本座に座って礼をし、立って射位に進み、坐して矢番えをして立って射ること。
立射《りっしゃ》	立って射位に入り、立ったまま矢番えをし、立って引くこと。
一手《ひとて》	矢２本（甲矢と乙矢）のこと。

四つ矢・坐射《ざしゃ》・五人立《ごにんだち》で競技を行う場合の動き方

①入場の合図により、先頭の射手《いて》（大前）から、執弓《とりゆみ》の姿勢を維持して入場する。
②先頭の射手は、意を注ぎ（見る）、上座に向かって礼を行う。2番目以降の射手は、揖《ゆう》を行う。
※上座とは、神棚や国旗が設置され、審判員が位置しているところ。上座の方向を脇正面《わきしょうめん》という。神棚に対して意を注ぐが、神棚がなければ国旗、国旗もなければ脇正面左方向（審判委員長が座っている場所）に向かって意を注ぐ。

③先頭の射手は、礼を行った後、的方向に対して数歩（射場によって異なる）進んだ後、直角に脇正面方向に回り、まっすぐ一番前の的の位置まで進む。2番目以降は、揖をした後、直角に回らず、先頭の射手についていく。
④自身の的の位置まで来たら、直角に的方向に回り、数歩進んで本座に着き、座る（下の図）。
⑤進行係の「はじめ」の合図（または、前の立《たち》の最後の弦音）で、そろって揖を行う。
⑥揖をしたら、そろって立ち、左足から射位へ

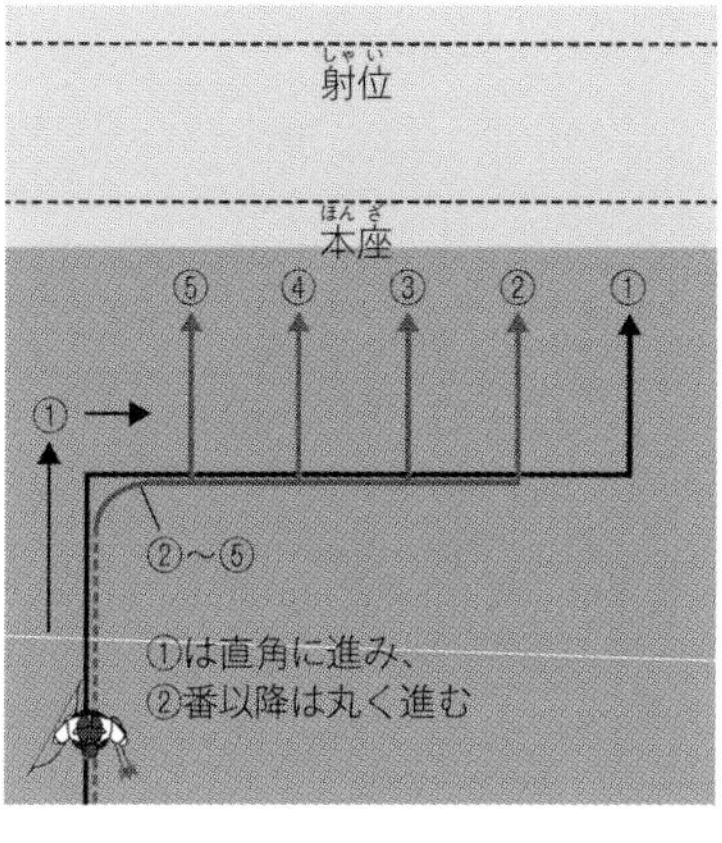

3歩（4歩目の右足は左足にそろえる）進む。
※1歩目は大きく、2歩目・3歩目で調整する。
⑦射位で坐《ざ》し、脇正面に向きを変える。矢を2本置く（⇩P144）。一手《ひとて》（2本）持ち、弓を立て、矢を番《つが》える。
⑧「競技における行射《ぎょうしゃ》の要領」（⇩P143）を基本とし、順次大前から行射を行う。
※一手引き終わったら、床に置いた残りの矢（2本）を取る。
⑨射終われば、右足、左足の順番で足を閉じ、右足から進んで、退場口へ向かう。
◆1番（大前《おおまえ》）から4番（落前《おちまえ》）は、次の立の大前が本座に座っているため（いなければ想定して）、その末弭《うらはず》（弓の先端）の少し先を目指して、まっすぐに歩いていく。次の立の大前の前を過ぎたら、退場口のほうへ回り、進んでいく。
◆5番（大落《おち》）は、足を閉じた後、右足から1歩下がって、直角に右へ90度回りながら1歩進み、その後、次の立の大落の本座の位置を越えるまで進んだら、退場口方向へ向かう。
⑩退場口にて上座へ意を注ぎ、揖を行ってから射場を出る。

◉射終わってすぐに退場しない場合

トーナメント戦などでは、退場せず、本座へ戻って、座って待つ場合があります。この場合、勝敗が決した後、起立し、順次退場していきます。多くの場合、進行係によって退場のタイミングのアナウンスがなされます。

なお、射位から本座へ戻る際の所作（**本座返りの方法**）は、武射系と礼射系で異なります。弓倒しを行い、物見を戻した後、武射系は二足で足を閉じる方法、礼射系は一足で足を閉じる方法で行います。

射場内における動き

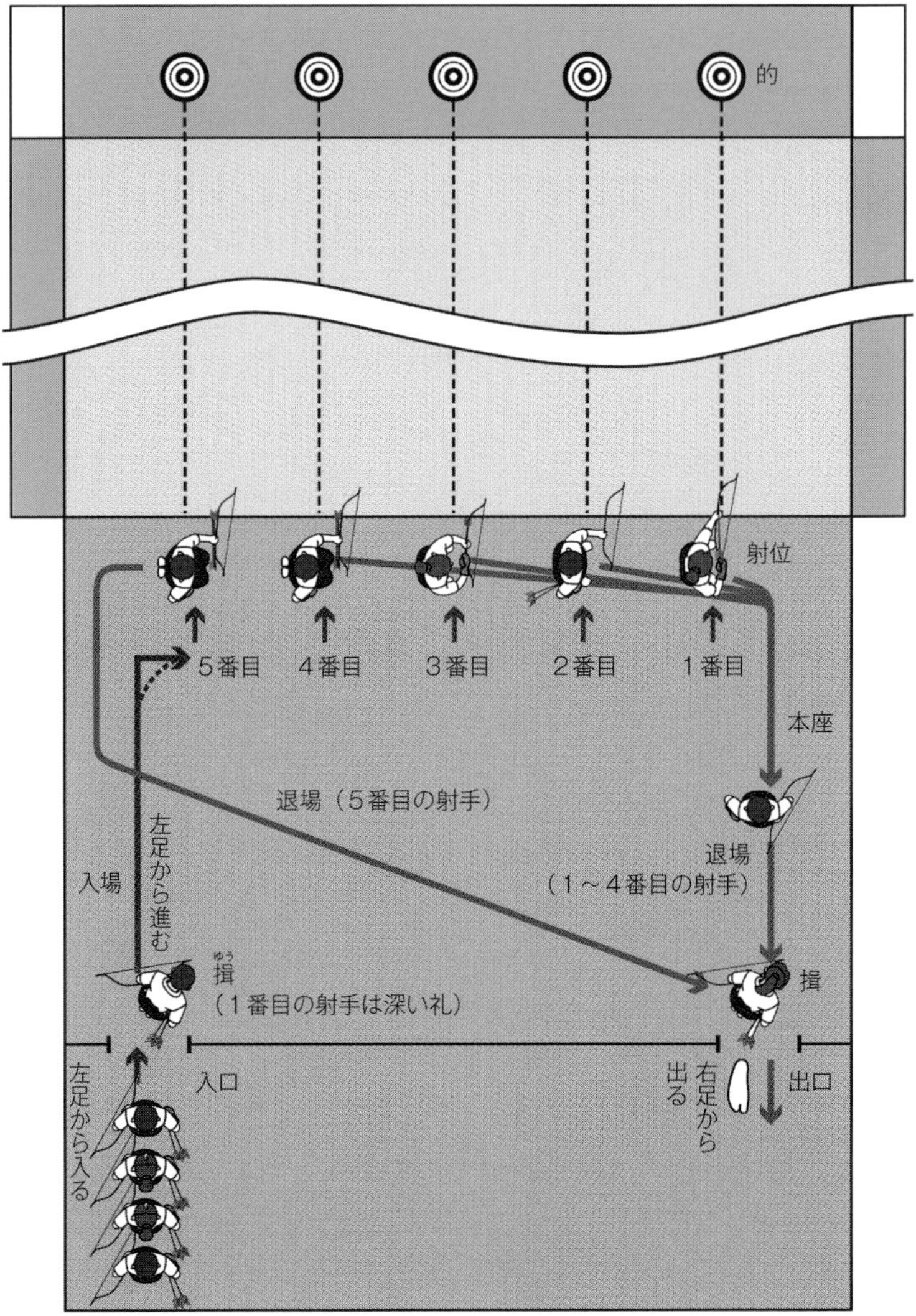

的
射位
5番目
4番目
3番目
2番目
1番目
本座
退場（5番目の射手）
退場
（1～4番目の射手）
入場
左足から進む
揖《ゆう》
（1番目の射手は深い礼）
揖
入口
出口
左足から入る
右足から出る

競技における行射《ぎょうしゃ》の要領（一手《ひとて》・坐射《ざしゃ》・五人立《ごにんだち》の場合）

	1番	2番	3番	4番	5番
甲矢	間をおかず行射する。	1番が立ち、右こぶしを腰にとるころ立つ。 1番の「弦音」で、打起し行射する。	2番が立ち、右こぶしを腰にとるころ立つ。 2番の「弦音」で、打起し行射する。	3番が立ち、右こぶしを腰にとるころ立つ。 3番の「弦音」で、打起し行射する。	4番が立ち、右こぶしを腰にとるころ立つ。 4番の「弦音」で、打起し行射する。
乙矢	射終われば跪坐し、矢を番えて立つ。 5番の「弦音」で、取懸け行射する。	射終われば跪坐し、矢を番えて立つ。 1番の「弦音」で、打起し行射する。	射終われば跪坐し、矢を番えて立つ。 2番の「弦音」で、打起し行射する。	射終われば跪坐し、矢を番えて立つ。 3番の「弦音」で、打起し行射する。	射終われば跪坐し、矢を番えて立つ。 4番の「弦音」で、打起し行射する。

競技における行射の要領（一手・坐射・三人立の場合）

	1番	2番	3番
甲矢	間をおかず行射する。	1番が立ち、右こぶしを腰にとるころ立つ。 1番の「弦音」で、打起し行射する。	2番が立ち、右こぶしを腰にとるころ立つ。 2番の「弦音」で、打起し行射する。
乙矢	射終われば跪坐し、矢を番えて立つ。 3番の「弦音」で、取懸け行射する。	射終われば跪坐し、矢を番えて立つ。 1番の「弦音」で、打起し行射する。	射終われば跪坐し、矢を番えて立つ。 2番の「弦音」で、打起し行射する。

●前の立がいる場合、五人立は2番の乙矢（2本目）、三人立は3番の甲矢（1本目）の弦音で入場し、本座で跪坐して待つ（試合の進行状況により、係員の指示によって早く・遅く入場する場合がある）。
●本座から射位へ進むタイミングは、進行係の「はじめ」の合図でそろって揖を行い射位に進むか、または、前の立の最後（大落）の弦音でそろって揖を行い、弓倒しで立ち、選手が後進し、右に一歩踏み出すとき、射位に進む。
●行射の前後の動作は、極端に早い・遅い動作を行わず、間延びしないこと。
●4射（二手）の場合も、上記に準じて行射する。
●制限時間が設定されている場合は、前の射手を追い越さない限り、間合いを詰めてもよい（動作を早めてもよい）。

四つ矢のさばき方（坐射《ざしゃ》）

①本座から射位に進み、座った後に脇正《わきしょう》面《めん》に向きを変えたら、いったん弓の先端（末弭《うらはず》）を床につけて前の射手の右側に弓を倒し、四つ矢を体の前方に置く。
※矢の中央が体の正面になるように置く。
②四つ矢のうち、一手《ひとて》（2本）の筈《はず》を持つ。
③筈を持ったまま、体の右脇に運ぶ。
④2本の矢の矢尻あるいは射付節《いつけぶし》を持って、右手こぶしを腰のあたりに置く。
⑤弓を体の中央に立て、矢を番《つが》える。

四つ矢のさばき方（立射《りっしゃ》）

①本座から射位に進み、足踏みを終えたら、弓の先端（末弭）を床につけ、矢尻が体の中央になるように矢を一手置く。

②一手を持って、右手こぶしを腰のあたりに置く。

③肩の高さ（弓と弦の間に顔がくる）で、矢番えを行う。

審査の受審

どうやって受審するか

審査の受審にあたっては、必ず都道府県弓道連盟（地連《ちれん》）への登録が必要です。多くの地連では、弓道部・弓道会や地区単位ごとに支部が設けられており、支部を通じて地連へ登録します。そして、定められた期日までに、「審査申込書」を審査料とともに納めることで、受審が可能となります。

どのような級位・段位、称号があるか

審査は、全日本弓道連盟の「審査規程」により実施されます。五級から一級までの級位、初段から十段までの段位があります。また、錬士《れんし》・教士《きょうし》・範士《はんし》といった称号もあります。

審査の種類

級位と四段以下は地連が主催する地方審査会、五段は関東・関西などの地域単位で行われる連合審査会、六段以上および称号は全日本弓道連盟が主催する中央審査会を受審します。地方

三級～弐段の審査基準

三級	射の基本動作及び弓矢の扱い方がやや整い、秩序ある指導の下に修練を経たと認められる者
二級	修練の程度三級に比して著しく進歩を認められる者
一級	射型・体配概ね正しいものと認められる者
初段	射型・体配型に適って、矢所の乱れぬ程度に達した者
弐段	射型・体配共に整い、射術の運用に気力充実し、矢所の乱れぬ者

審査は、地連において年に2回以上開催されます。全日本弓道連盟や複数の地連が共同して、臨時で審査を開催することもあります。

初めて審査を受けるとき

初めて審査を受審するとき、「審査申込書」の受審する審査種別に、五〜一級、無指定、初段のいずれかを書くことになります。級位は、一手《ひとて》（2本）の行射《ぎょうしゃ》の審査の成績に応じて与えられます。無指定および初段とした場合、加えて学科試験を行います。無指定の場合は、行射の審査と学科試験の総合成績により、初段または級位が与えられます。

一般的に、初めての審査は無指定で受審することが多いようです。そのため、一手行射の練習と学科試験の準備を行うことになります。学科試験は、事前に提示された問題の中から2問が出題されることになっています。毎年度、問題は見直されており、全日本弓道連盟や地連のホームページで最新の問題を確認しましょう。そして、『弓道教本（第1巻）』を必ず読み、勉強しておきましょう。

審査に合格したら

審査結果は当日発表され、その場で登録料を納める場合もあるため、要項を確認して審査に臨みましょう。認許状は、後日所属する弓道部・弓道会を通じて送られてきます。

級位と初段・弐段の審査料・登録料

段位　称号	審査料（円）	登録料（円）
無指定	認定された段級位の登録料額	認定された段級位の登録料額
級位	1,030	1,030
初段	2,050	3,100
弐段	3,100	4,100

審査の流れ

審査は、一手《ひとて》・坐射《ざしゃ》で行われます。五人立《ごにんだち》を基本とし、受審者数によっては四人立とする場合もあります。間合いは決まっており、制限時間はありません。入場から退場までの、すべての動作が審査の対象となります。基本的な動きは、140〜142ページの五人立で競技を行う場合の動き方と同じですが、間合いが異なりますので注意してください。

一手・坐射・五人立の動き方

①前の立《たち》の3番の乙矢《おとや》（2本目）の弦音《つるね》で、先頭の射手《いて》（大前《おおまえ》）から、執弓《とりゆみ》の姿勢を維持して入場する。

②競技時の入場と同様に本座まで進み、跪坐《きざ》する（⇩P140②〜④）。

③前の立の5番の乙矢（2本目）で揖《ゆう》を行い、前の立の5番が後退すると同時に、左足から射位へ3歩（4歩目の右足は左足にそろえる）進む。

※1歩目は大きく、2歩目・3歩目で調整する。

④射位で坐し、脇正面《わきしょうめん》に向きを変える。弓を立て、矢を番《つが》える。

⑤「審査における行射《ぎょうしゃ》の要領」（⇩P149）に従って、順次大前から行射を行う。

⑥射終われば、右足、左足の順番で足を閉じ、退場口へ向かう。

◆1番（大前）から4番（落前《おちまえ》）は、次の立の大前が本座に座っているため（いなければ想定して）、その末弭《うらはず》（弓の先端）の少し先を目指して、まっすぐに歩いていく。次の立の大前の前を過ぎたら、退場口の方へ回り、進んでいく。
◆5番（大落《おち》）は、足を閉じた後、右足から1歩下がって、直角に右へ90度回りながら1歩進み、その後次の立の大落の本座の位置を越えるまで進んだら、退場口方向へ向かう。
◆もし的が五つあるが、四人立となった場合、4番（大落）は、足を閉じた後、右足から4歩（5歩目の右足は左足にそろえる）下がり、五人立であった場合に、5番（大落）が射終わった後に下がる位置まで後退する。次の立が四人立であっても、必ず下がること。
⑦退場口にて上座へ意を注ぎ、揖を行ってから射場を出る。

審査における行射の要領（一手・坐射・五人立の場合）

	1番	2番	3番	4番	5番
甲矢	間をおかず行射する。	1番の「胴造り」の終わるころ立つ。1番の弦音で取懸け、打起し行射する。	1番の弦音で立つ。2番の弦音で取懸け、打起し行射する。	2番の弦音で立つ。3番の弦音で取懸け、打起し行射する。	3番の弦音で立つ。4番の弦音で取懸け、打起し行射する。
乙矢	4番の弦音で弓を立て矢を番えて待つ。5番の弦音で立ち、間をおかず行射する。	4番の弦音で弓を立て矢を番えて待つ。1番の「胴造り」の終わるころ立つ。1番の弦音で取懸け、打起し行射する。	4番の弦音で弓を立て矢を番えて待つ。1番の弦音で立つ。2番の弦音で取懸け、打起し行射する。	5番の弦音で弓を立て矢を番えて待つ。2番の弦音で立つ。3番の弦音で取懸け、打起し行射する。	射終われば直ちに弓を立て矢を番えて待つ。3番の弦音で立つ。4番の弦音で取懸け、打起し行射する。

失《しつ》の処理

競技大会・審査において、行射中《ぎょうしゃ》に弓や矢を落としたり、弦が切れたりするなどの失敗をすることがあります。これを「失」といいます。そして、失への対応のことを「失の処理」と呼びます。失の処理は、礼に即した所作で、ほかの射手《いて》に迷惑をかけないように手早く速やかに処理し、射位に戻ったら恐縮《きょうしゅく》の意を表す（会釈をする）ことが原則です。

もし、複数の失が同時に起こった場合、主たるもの（弓・矢・弦の順）から処理をします。しかし、明らかに片方が遠くまで飛んだ場合などは、近くのものから処理をします。道場外に飛んだ弦、矢が取れないと判断した場合は、そのままにする場合もあります。

失の処理は、できるだけ目立たないように、速やかに処理をすることが大切です。普段の稽《けい》古《こ》時も失を生じた際は対応し、習慣化しておきましょう。

筈《はず》こぼれしたとき

筈こぼれとは、筈が弦から離れ、床に落ちるなどして行射が続行できない状況になることをいいます。原則として、筈こぼれした矢は射直し（再び番《つが》えて引くこと）をしません。

①矢を落とした場合、矢に近い方に足を寄せ、近くであれば跪坐《きざ》をして膝行《しっこう》（ひざをついたまま動く）、遠くであれば歩いて矢の近くまで行き、跪坐をする。

②右手に矢を持っていれば、左手に移して弓と一緒に保持し、右手で矢を拾う。
③矢を拾う際に、矢が反対（的の方向に筈が向いているなど）の場合は、一度的方向に矢尻が向く方向に直し、筈を持って、体の右脇に持ってきて拾う。
④左手に矢を持っていれば、取った矢を左手に持っている矢に添えてから持ち直す。
⑤矢の近くまで行った方法（膝行あるいは歩いて）で射位に戻り、跪坐して、恐縮の意を表す（会釈をする）。
⑥落とした矢は矢尻を的方向に向けて、右ひざあたりに置く。
⑦落とした矢が最後の矢であれば、そのまま持って退場する。
※置いた矢は、退出の際に取って出るか、係員が取りにくる場合もある。

弦が切れたとき

①弦に近い方に足を寄せ、近くであれば跪坐《きざ》をして膝行《しっこう》(ひざをついたまま動く)、遠くであれば歩いて矢の近くまで行き、跪坐をする。

②右手に矢を持っていれば、左手に移して弓と一緒に保持し、右手で弦を拾う。

③切れて2本になった弦を同時に拾ってもよい。離れている場合は別々に拾う。拾った弦は、左手の指に巻き付けるなどして輪にし、弓に添えて持つ。

④左手に矢を持っていれば、右手に持ち替えてから、弦の近くまで行った方法(膝行あるいは歩いて)で射位に戻り、跪坐して、恐《きょう》縮《しゅく》の意を表す(会釈をする)。

⑤屋外に弦が飛んだ場合、射場の矢道側の端まで行き、手で取れない場合は、弓の先端(末弭《うらはず》)にて弦を引き寄せて取る。2、3度やって取れない場合は、射位に戻り、恐縮の意を表す。

⑥切れた弦がどこに飛んだかわからない場合、軽く周囲を見渡して探す努力をし、見つからない場合は、そのまま射位で跪坐して、恐縮の意を表す。

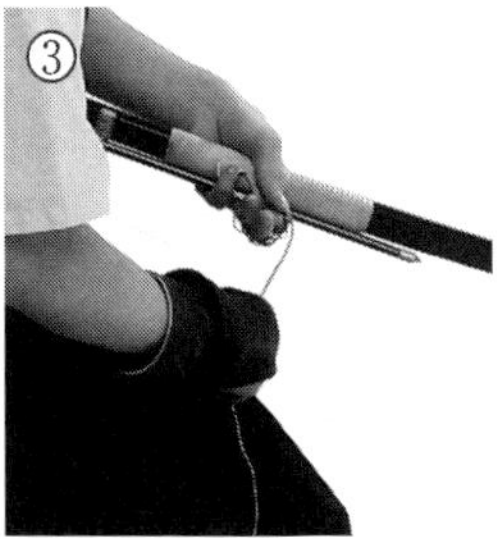

弓を落としたとき

①弓に近い方に足を寄せ、近くであれば跪坐をして膝行、遠くであれば歩いて弓の近くまで行き、跪坐をする。

②左手で弓を取る。基本として、張ったときに弦が外側になる向きに弓を返してから取る。

③弓を取ったら、弓の近くまで行った方法（膝行あるいは歩いて）で射位に戻り、跪坐して、恐縮の意を表す。

中学生・高校生・大学生の年間大会スケジュール

種別	大会名（通称）	競技種別	開催時期
中学生	全国中学生弓道大会（JOCジュニアオリンピックカップ大会）	団体（3人）・個人	8月
高校生	全日本高等学校弓道大会（インターハイ）	団体（5人）・個人	7～8月
	全国高等学校弓道選抜大会（選抜）	団体（3人）・個人	12月
大学生	全日本大学弓道選抜大会（選抜）	団体（男子5人・女子4人）	6月
	全日本学生弓道選手権大会（インカレ）	団体（男子5人・女子3人[3]）・個人	8月
	全日本学生弓道王座決定戦・女子王座決定戦	団体（男子8人・女子4人）	11月

弓道の競技大会で日本一となれるのは、年間[1]に中学生が1大会、高校生が2大会、大学生が3大会あります。すべて近的・的中制で行われます。これらの大会に出場するためには、開催時期の約2～3か月前に各都道府県もしくは地域単位などで開催される予選で優秀な成績をおさめることが必要です。

そのほか、高校生および大学生は国民体育大会（国民スポーツ大会）の弓道競技の部（団体近的・的中制と遠的・得点制、10～11月開催）、大学生は全日本学生弓道遠的選手権大会（個人、遠的・的中制、8月開催）と東西[2]学生弓道選抜対抗試合に出場するチャンスがあります。

▼1　2020年以降、新型コロナウイルス感染症の流行拡大により、大会の開催方法・時期に変更があるものがあります。大会への参加にあたっては、常に最新の情報を入手するようにしてください。

▼2　各地域の秋季リーグ戦・大会の個人成績上位者が出場し、東日本（東軍）と西日本（西軍）に分かれて競う。

▼3　近年中に女子団体は4人制へ変更予定（2024年時点）。

審査に向けた稽古法

審査の受審を決めたら、何か特別な稽古《けいこ》をするかというと、普段から丁寧に稽古をしていれば変わった練習をする必要はありません。自分が受けようとする段位を持っている先輩や友人の射を見て、それと比較して自分に足りない点を考え、直していくのがよいでしょう。早気《はやけ》やゆるみなどの明らかな射癖《しゃへき》がある場合は、これらの克服を第一に考えましょう。

審査では、体配《たいはい》も含めた行射《ぎょうしゃ》が審査されます。学生の場合、射技《しゃぎ》（弓を引く技術）は素晴らしいけれど、体配があと一歩という事例が散見されます。これは、体配ができないというより、単にどう動けばよいのか知らないというケースが多いようです。適切な指導のもとで稽古を繰り返せば、短期間で上達します。地連によっては講習会を開催しているところがあります。さらに、近年はYouTube上に範士《はんし》・教士《きょうし》の先生方が行っている模範演武動画がアップされていますので、講習会への参加やこうした動画などを参考にしながら学ぶのもよいでしょう。

さて、稽古を丁寧にするといっても、審査と同じ間合いで行っていると練習時間が足りません。そこで、稽古開始時に審査の間合いで体配を含めた練習を数回行い、その後は射技に集中して自分の欠点を直していく方法がおすすめです。これを続けて、数日前からは、1回の練習を一手で区切るなどして気を引き締めて練習を行えば、当日の気分がずいぶん異なるはずです。

学校卒業後の弓道との付き合い方　～あとがきにかえて

令和2年3月末時点において、全日本弓道連盟の登録者数は134,212人となっています。このうち、中学生（11,267名）、高校生（65,983人）、大学生（13,523名）を合わせると90,773名（68%）となり、実施者数からいえば、弓道は学生によって支えられているといっても過言ではありません。ところが、学生の多くは、卒業後に弓道を離れているのが現状です。その数は毎年約2万人以上と考えられます。

なぜ、学校卒業後に弓道から離れてしまうのか——現在の社会状況やスポーツの継続に関する調査結果を考慮すれば、仕事や家庭との両立が難しいケースが大半ではないかと考えられます。こうした方々は、将来機会があれば、ぜひ弓を再び手にとっていただけるようお願いしたいものです。

私たち著者が課題と考えているのは、弓道を続けたいという意志があるにもかかわらず断念しているケースです。とくに、学生弓道と一般弓道のギャップに戸惑い、辞めてしまう方がいらっしゃいます。

学生弓道の特徴は、競技を中心とし、純粋に的中を追い求める点にあります。人に射を評価してもらうことを目的としておらず、根本的には競技の射であるため、自分の個性の射を生かすことができます。当然、一般の方々に比べて年齢が若いため、学生の方が体力・気力の双方において勝っています。さらに、練習の頻度と試合の回数が多いので、一般弓道と比べれば、大量の矢数と高的中という結果で違いが現れてきます。

こうした学生弓道家が卒業後、一般弓道に入ると、学生弓道と比べて射術の練習量が少なく、体配を極端に重視していると感じて驚いたり、その道場のさまざまな慣習や、学生弓道との文化の違いに対して違和感を得ることがあります。こうした状況に直面したら、どうすればよいのでしょうか。

本書では、はじめに「なぜ弓道を学ぶのか、その目的を明確にしておくことが重要」と述べました。その人の価値観によって、また置かれる状況によって、弓道を学ぶ目的はさまざまであり、多様な弓道観《きゅうどうかん》（弓道に対する考え方）が存在しています。まずは、その弓道場において、これまで稽古してきている方々の弓道観を尊重し、理解する努力をしましょう。その上で、その弓道場の指導者に対して、一度自分の考え、つまりなぜ自分が弓道を学ぶのかを話してみましょう。もし良き指導者に巡り合えていたら、あなたの考えに真剣に向き合ってくれ、自身が目指す弓道を実現するためにはどのようにすればよいのか、一定の示唆《しさ》をいただけるはずです。

それでもうまくいかない場合は、所属していた学校弓道部の指導者に相談したり、卒業後も弓道を続けている弓友などから話を聞くのもよいかもしれません。また、どうしても合わなければ、近隣の他の弓道場に移ることもやむを得ないと考えます。

あなたが真摯《しんし》に弓道を学び続けたいという気持ちがあれば、その気持ちに答えてくれる指導者が、きっとどこかにいるはずです。

五賀　友継

用語索引

本書で解説している主な弓道用語と、詳しく解説しているページの索引です。

著者紹介

◉原田 隆次〔はらだ・りゅうじ〕

国際武道大学 体育学部
武道学科 助教
（第２章・第３章・第５章執筆）
同大学弓道部コーチ。1990年生まれ。大分県出身。筑波大学体育専門学群卒、同大学院人間総合科学研究科博士前期課程修了。修士（体育学）。専門は弓道コーチング論。指導歴は第51回全関東学生弓道選手権大会女子団体優勝、第70回全日本学生弓道選手権大会女子団体優勝、第70回全日本学生弓道王座決定戦男子団体優勝など。

◉五賀 友継〔ごか・ともつぐ〕

国際武道大学 体育学部
武道学科 准教授
（第１章・第４章・第６章執筆）
1986年生まれ。岡山県出身。筑波大学大学院人間総合科学研究科博士課程修了。博士（体育科学）。専門は武道史、体育・スポーツ史。競技歴は、第39回関東学生弓道選手権大会優勝（団体）など。国内のみならず、ヨーロッパ・アジア地域でも弓道指導を行っている。全日本弓道連盟の法人運営委員会総務部会、出版・広報委員会委員（2023年～）を務めている。

◉実演・撮影協力
瀬川珠璃／石川　萌／村田あみ／平野きよ奈
川島　望／松縄渓吾（国際武道大学弓道部）
後藤大賀（筑波大学体育会弓道部）
◉ストレッチ指導
清水伸子（国際武道大学体育学部体育学科准教授）
◉栄養指導　銭谷初穂（国際武道大学体育学部体育学科助教）
◉撮影協力　日本武道館研修センター
株式会社小山弓具

写真《しゃしん》と動画《どうが》でよくわかる！
はじめよう弓道《きゅうどう》

2021年11月25日　第１版第１刷発行
2024年８月31日　第１版第２刷発行

著　者　原田隆次　五賀友継
発行人　池田哲雄
発行所　株式会社ベースボール・マガジン社
〒103-8482　東京都中央区日本橋浜町2-61-9 TIE浜町ビル
電話　03-5643-3930（販売部）
03-5643-3885（出版部）
振替口座 00180-6-46620
https://www.bbm-japan.com/

印刷・製本　共同印刷株式会社

ISBN978-4-583-11419-4 C2075